日本の社会教育第63集

地域づくりと
社会教育的価値の創造

日本社会教育学会編

(2019)

まえがき

　「地域づくり」は，現安倍政権下の中でももっとも重要な政策的課題（「地域創生」政策）である。それは社会教育の政策的課題にもなっている。しかし，「地域づくり」とは何か。「地域づくり」に社会教育はどのような貢献をすることができるのか。社会教育的アプローチの固有の課題と方法とはどのようなものか。あるいは，これまで前提としてきた社会教育の概念や価値そして理論的課題にどのような再検討が求められているのか。こうした諸点は詰められた議論が行われていない。

　社会教育学会は，プロジェクト研究として取組む中で，これらの諸点について改めて議論の深めることにした。本年報は，この研究報告を総括した成果である。

　国際的な視野から見れば，World Bank（世界銀行）や UNDP（国際連合開発計画）などの国際機関においても「地域づくり」は重要な政策的課題となっている。このアプローチとして提唱されているのが，community capacity building or development などの実践と研究である。このアプローチでは地域社会にある既存のキャパシティの要素に注目して，当事者たちの自主的で主体的な参画を促しつつ，この力を高めるための取組みを進めるとともに，これを保証する政策や制度をつくることがめざされる[1]。

　しかし，それは国レベルの政策や制度の転換を図るマクロなアプローチであり，より小地域でのキャパシティをどのように高めるのか，という課題に応える視点や方法論をもちえていない。中範囲の領域として地域社会を考えれば，キャパシティを構成する諸個人，諸個人及びそのネットワークのエンパワーメントをいかに図るのか，という点が理論と実践において解明すべき点である。教育的アプローチの構築が必要な理由もここにある。

　日本の社会教育学研究に転じると，「地域づくり」をめぐっては比較的多くの研究がある。ある意味で，意識するしないにかかわらず，そのほとんどが地域づくりに関係する事例研究として研究の対象になるだろう。しかし，

ここで大切なことは，以下の課題を念頭に置いた研究の展開であろう。

第1に，地方改良運動，経済更生運動などを見てもわかるように，「地域づくり」は社会教育政策と結びついて支配の再編の手段として機能してきた側面があり，市民の主体的・能動的参加を促す面を含みつつも両義的である。歴史的に遡及する必要はないが，この地域づくり政策の二重性，一面では，地域支配の再編のプロセスであり，他面，新たな価値や理念を内包する地域社会の暮らしのあり方を実現する契機を含む住民の主体的な参加の過程として捉えられる。したがって，政策そのものの批判的検討がまずもって取り上げられるべきだろう。さらには，どのような地域社会をめざすのか，という将来社会論を展望する議論も欠かせないものとなろう。ところが，これら二つの点を踏まえようとする研究はほとんど見られない。

第2に，研究の多くは，すぐれた事例と主観的に評価する実践の紹介にとどまっている。なぜ，「すぐれた実践」と言いうるのか。いかにその実践をつくることができるのか。そこでは，社会教育の理論と実践がどのような意味をもつのか。このような視点からの検討は十分ではない。さらには，「地域づくり」の取組みの教育的意義を明らかにするためには，この運動の中での学習のプロセスを明らかにする必要がある。したがって，学会で進められてきた学習論の転換をめぐる検討を，教室という場から解放し，住民の社会的活動への参加を捉えるものとして発展させることも必要となる。ノンフォーマル・エデュケーションをおもに取り上げるべきなのか，あるいはインフォーマル・エデュケーションを含むものとして考えるべきなのか。何を学習として捉えることができるのか。これらの検討も改めて必要となろう。

第3に，地域づくりへの社会教育的研究の切り口をどう設定しうるのかという点である。「周縁性」からという場合，産業的な衰退地区や挙家離村をへて解体しつつある農山村及び地方都市の状況をどのように位置付けるのか。さらに「周縁性」という場合，一人暮らし高齢者や障碍者，外国籍市民など社会的にバルネラブルな人たちを包摂する地域づくりのあり方が念頭に置かれるべきだろう。さらに，新しい暮らしのあり方を考えると，生産・労働という面ばかりでなく，地域に根づいた伝統文化や生活文化にいたる多様な契機をとおした地域づくりの取組みが念頭に置かれるべきであろう。

プロジェクト研究を推進するに当たっては，地域づくりという視点から社会教育の概念をどう再検討すべきなのか。社会教育の価値とは何か。それをどう再創造すべきなのか。公民館をはじめとする社会教育施設，及びそこで働く職員たちはどのような役割を果たすべきであるのか。こうした諸点を意識しつつ研究を進めてきた。プロジェクト研究の3年間にわたる推進を通して，これらの諸点に決着をつけることができたとはとても言い得ないが，この年報を通して，さらなる議論が展開されることを期待したい。社会教育的価値の創造は，地域づくりの課題でもあり，かつ学会に課せられた使命でもあろう。

　　　　　　　　　　　編集委員会を代表して，高橋　満（東北大学）

1）高橋満『コミュニティワークの教育的実践：福祉と教育とを結ぶ』東信堂，2013年。

日本社会教育学会・年報第63集編集委員会

委員長* 高橋　　満
副委員長　大高　研道
　　委員　上田　孝典　　　　　　委員　上田　幸夫（担当理事）
　　委員　内田　純一　　　　　　委員　岡　　幸江
　　委員　柴田彩千子　　　　　　委員　田中　雅文
　　委員　農中　　至　　　　　　委員　槇石多希子
　　委員　村田　晶子（担当理事）委員　村田　和子
　　委員　宮﨑　隆志　　　　　　委員　渡邊　洋子
　　幹事　若原　幸範

*はプロジェクト研究代表　　　　　　　　　　　（50音順）

目　　次

まえがき……………………………………………………………… 1

序：国家，地域づくりと社会教育……………………………高橋　　満 … 8

第Ⅰ部　地域づくり政策下の社会教育

「地方創生」政策と地域づくり………………………………岡田　知弘 … 24

コミュニティ政策と社会教育との関係………………………田中　雅文 … 38

「学校を核とした地域づくり」と社会教育の関係性における検討
………………………………………………………柴田彩千子 … 51

「地域づくり」と大学生涯学習―「大学地域連携」政策の批判的検討―
………………………………………………………村田　和子 … 66

第Ⅱ部　周縁から生まれる地域社会教育

高知県における地域社会教育の展望
　―「集落活動センター」の設置をめぐる地域学習の契機―………内田　純一 … 82

学校統廃合を契機とした地域づくりの展開
　―公民館による地域教育体制の再構築― ………………………丹間　康仁 … 95

産業再編下における地域社会教育の展開と地域づくりの課題
　―高度成長期の九州炭鉱地帯・筑豊の事例から― ……………農中　　至 … 109

第Ⅲ部　暮らしと文化の継承・創造

公害記憶の継承と社会教育
　―ホイニキ市郷土博物館「チェルノブイリの悲劇」展示室訪問から―
………………………………………………………………安藤　聡彦 … 124

地域文化をめぐる社会教育研究の成果と課題
………………………………………………………………新藤　浩伸 … 139

Informal Educator としての伝承者―人の一生を育てる伝承を事例に―
………………………………………………………………岡　　幸江 … 154

第Ⅳ部　社会教育の新たな価値と可能性

地域づくりにおける住民主体の学習活動と協同の展開過程
………………………………………………………………大高　研道 … 168

地域づくりにおける公民館の役割
　―つくば市における乳幼児家庭教育学級の取組みを事例に―
………………………………………………………………上田　孝典 … 181

暮らしの思想の生成論理―地域社会教育の学習論―
………………………………………………………………宮﨑　隆志 … 195

ABSTRACT　209

あとがき　渡邊　洋子　222

執筆者一覧・年報編集規程（抄）　229

序：国家，地域づくりと社会教育

高橋　　満

はじめに

　ポスト・モダンが学術界で喧伝されてからすでに久しい。しかしながら，新しい社会像は明確になったであろうか。ポスト福祉国家としての福祉社会論，グリーン福祉社会論[1]などが提示されたが，議論は混沌としたままである。

　そもそも新しい社会像を，どのように描くことができるのか。ただちに大きな絵を描くのではなく，私たちの暮らしの新しいあり方，つまり，生産・消費・価値意識の変革に基づくものとして構想するべきである。そのとき地域社会のあり方に焦点が置かれることになろう。しかし，地域社会は，家族とともに国家支配が浸透する経路ともなる。国家は，地域の仕組み，諸組織，私たちの暮らし・意識のあり方を統御する力をもって支配を貫徹する。地域がもつこの両性格の中に私たちの暮らしがあり，そして，その力動の中に社会教育の営みや人々の学びがある。

　社会教育は，近代社会の発展とともに，市民的権利，政治的権利とならぶ社会的権利として制度化が進められた。宮原誠一は，「社会教育の発展の原動力はデモクラシーとテクノロジーである」といったが，民主主義をめぐっては，労働運動・農民運動・住民運動を支える役割をもつとともに，これに対抗する国家による支配の「手段」として社会教育は機能してきた。この変

革と支配の力動は，地域の場で具体的にあらわれざるを得ない。

　本書を通して解明すべき点は，地域づくりにおいて社会教育がどのような役割を果たしてきており，また果たすべきなのかを明らかにすることである。そのとき，わたくしたちはいかなる将来社会を構想し，いかなる地域社会をつくろうとするのか，社会教育はどのような可能性をもっているのか，ということが問われるべきだろう。

1．社会教育と国家・地域

⑴　社会教育の制度化と国家介入

　戦後の社会教育は，天皇制国家への国民統合の役割を果たしてきたことへの反省にたち，自由主義の理念にたって制度化がはかられた。社会教育は，あくまで国民の自己教育・相互教育に本質があり，行政の役割は「環境醸成」に置かれるものとして規定された。具体的には，団体中心主義から施設主義へ，中央集権的体制から分権主義の理念に立つ枠組みがつくられた。これ以降，社会教育は，一定の地域の範域に置かれる公民館を中心に，住民の自主的な運営によって進められることになる[2]。

　しかし，1960年代になると，日本の教育政策は大きな「節目」を迎える。1966（昭和41）年には，中教審答申「期待される人間像」が出され，教育目的の再定義がめざされた。これと前後して社会教育の領域でも，国家による介入をとおして転換が図られる。「社会教育主事の必置化」，社会教育関係団体への補助金交付，社会教育施設の基準化と補助金制度の整備・充実，事業への補助金・委託制度等をとおして，教育事業の誘導が進められるようになる。ここで大切なことは，このように国家的公共性は福祉国家サービスを提供することに支えられてその正統性をもちえてきたということである[3]。

　1960年代の高度経済成長政策は，日本の社会構造を大きく変容させ，答申に言及されているように，学校，家庭，地域社会に負の影響をもたらすとともに，社会教育の政策的位置づけも大きく変化させた。端的に言って，それは「社会開発の主要な部門」（『教育白書』1965年）としての役割，つまり，

序：国家，地域づくりと社会教育　｜　9

高度経済成長の「ひずみ」を是正して，「向上」を図る手段として位置づけられる。こうした転換の結果，生涯発達という考え方にたって社会教育事業のカリキュラムがつくられたが，学習機会を提供することが事業展開の中心となり，地域社会を基盤とした社会教育の本来的性格は変質せざるをえなかった。

(2)　社会構造変動・コミュニティ政策と社会教育

　こうした中，1971（昭和46）年に社会教育審議会答申「急激な社会構造の変化に対処する社会教育のあり方」が出される。ここでは「生涯教育の観点」から社会教育を再構成・体系化することに振興の基本方向がおかれたが，それは教育内容・方法の高度化，諸団体の組織化，社会教育施設・指導者の大幅な拡充の3点を骨子とするものであった。

　さらに1970年代は，地域再編としてのコミュニティ政策が展開された時代でもある。1969年，『コミュニティ—生活の場における人間性の回復』が出されている。ここでいうコミュニティとは，「生活の場において，市民としての自主性と責任を自覚した個人および家庭を構成主体として，地域性と各種の共通目標を持った開放的で，しかも構成員相互に信頼感のある集団」，市民たちのネットワークとして理解された。

　この定義は当為概念であり，その実現には，コミュニティ活動の中心となるリーダーを養成するために社会教育の役割を必要とするはずであった。しかし，松下圭一の『社会教育の終焉』がだされ，制度化された社会教育行政への批判が強まった時期でもある。一部の自治体では，従来の公民館をコミュニティセンターに転換し，「伝統的な社会教育を脱皮する」と称して，市民教育，すなわち市民的自治精神の育成を通した自立した市民文化活動の創造が政策的に進められたが，こうした動向は，理念が先行して地域の現状とは乖離したものとなり，首都圏の一部の自治体を除き，広がりをみせることはなかった。

　この簡潔な要約からもわかるように，戦後の一時期を除き，国家は社会教育の制度と施設の充実を通して地域社会に生起する矛盾の解消をめざすとと

もに，地域支配の再編に関与し続けてきたのである。

2．学習の個別化と公共性の再構築としての地域づくり

⑴　学びの市場化と個別化政策

　ところで教育行政の大きな転換点の一つは，生涯学習体系への移行を宣言した臨時教育審議会（1984-1987年）である。新自由主義的政策のもと，社会教育行政の役割は，自由に選択する学習消費者に対して生涯学習市場を形成し，この教育情報の提供・相談を担うこととされた。地域コミュニティを基盤にした運営ではなく，社会教育市場の育成が進められることになる。

　さらに1990年代以降，経済のグローバル化が喧伝され，教育政策も大きく転換する。国際的な競争の手段としての学習の個別化が特徴的となる。教育は経済政策と再び結び付きつつ，人的資本論のもとに，各国政府のもっとも重要な政策課題の一つとなる。しかし，1960年代のそれとは決定的な違いがある。つまり，いまやOECDの教育政策の目標は平等を求めるものではなく，経済的な競争力を最大化するための手段と化している。ここでは生涯学習という概念は，知識基盤経済，知識基盤社会と結び付き，知識経済への移行などをめざして生涯学習政策は進められる。

　この意味で二つの転換が図られる。第1に，学習の市場化のもと，学習とは学習者相互の関係ではなくて，いまや消費者と販売者，消費者と供給者との関係に変容する。つまり，市場原理が導入されると，学習の価値には価格が与えられ，それへのアクセスは支払能力に依存するようになる。

　第2に，教育を受けることが「諸個人の権利」であったものが，個人の義務へと転換する。少なくても1980年代以前の生涯教育政策では，生涯をとおして学ぶことは諸個人の権利であり，この学習機会を保障することが「国家の義務」だと考えられてきた。ところが，生涯学習政策では，グローバルな経済競争の激化の中で，生涯にわたり学び続けることが人々の「義務」として捉えられるようになる。生涯にわたる学習の「内面化」が進行し，こうして，教育は「内なる宝」から「内なる圧力」へと変質していく。

序：国家，地域づくりと社会教育

グローバリゼーションはナショナリズムを高揚させる側面があり，リベラリズムとの奇妙な融合をみせることになる。国家の役割は，もはや，セイフティ・ネットを保障することではなく，せいぜい，職を「安全に」移動する「トランポリン」（＝生涯学習機会）を用意することになる。

⑵　公共性の再構築と地域づくり

　しかし，1990年代以降，ひとたび解体した社会教育の公共性の再構築を図るべく国家的視点から新たな課題が提示されるようになる。生涯学習の四つの課題とされた現代的課題などがそれである。くわえて，子どもの問題行動や逸脱行動の社会問題化を受けて，自然体験活動や社会体験活動の機会を提供することが教育施策の課題となり，社会奉仕活動も義務化すべきだという議論が急浮上する。また，地域づくりへの社会教育行政の寄与が積極的に求められるようになる。

　この政策の議論では，福祉国家的な保障が人々の依存をつくりだしてしまったとの認識のもと福祉国家サービスを解体しつつ，人々の自己責任，能動性を基調とする意識の啓発を重視する介入戦略へと転換する。新自由主義は，自由主義だから国家の役割を限定するという理解があるが，決してそうではない。財の再配分をめぐる国家の役割を「非効率」，「画一的」と否定しつつ，地域に福祉サービスの担い手を求める動きと軌を一にして，社会教育の公共性を示す格好の課題として「地域づくり」が注目されることになる。

　地域づくりでは，地域の現状をリアルに把握し，そこで生起する課題解決に自発的・能動的に取組むことが重要であり，これを担う市民やNPOなどの市民組織を育成することが求められる。そこでは，現代的・社会的な課題の学習を通じて，地域住民の自立意識を高め，一人ひとりが当事者意識をもって能動的に行動（「自助」）するとともに，学習活動の成果を地域づくりの実践（「互助・共助」）に結び付ける必要性が強調されている。この市民の学習を支援することが，地域づくりにおける社会教育行政の役割になる。

　同時に，以下の点を見ておく必要がある。地域コミュニティの再編の中で，地域コミュニティ内の諸組織の連携と統合が推進され，こうした組織を

受け皿にして，公民館などの社会教育施設の地域委託が行われている。すでに進みつつある地域委託された公民館が，地域づくりにおいてどのような新たな可能性を切り拓いているのだろうか。この点も検討すべき重要な課題となる。

3．「地域づくりと社会教育」分析の課題

以上，グローバル化の中で生涯学習政策がどのように変化してきたのか。その中で，なぜ地域づくりが政策的に重視されてきたのかを考察してきた。端的に言えば，それは国家の役割の再定義，市民の役割の再定義の一環として捉えられる。したがって，このテーマは，国家論的検討が不可欠となろう。

こうした確認に立って，地域づくりにおける社会教育的アプローチをめぐる論点，課題を示したい。「地域づくり」と「社会教育」との関連を問題にする場合，「社会教育の目的とは何か」，そして「どのような地域をつくるのか」という二つの問いに答える必要がある。これらの諸点を検討することなく「地域づくり」を社会教育が推進することには必然的に危険性をともなうことになるだろう。

⑴　国家介入としての「地域づくりと社会教育」

戦前・戦後の地域づくりと社会教育の歴史的展開を概観してきたように，地域づくりは地域経済，暮らしを支える諸条件の悪化や疲弊した状況があり，それを住民たちの自主性・主体性を重視しつつ，にもかかわらず国家的な支配再編の施策として進められてきたことを教えている。つまり支配の再編は，住民の「自発性」を包摂しつつ進められる。

こうした歴史の教訓をふまえると，現在の「地域創生」政策を批判的に検討することは不可欠である。それなくして政策の推進に無批判に加担することは，よくいえば無邪気な議論であるが，支配に包摂される危険性をともなう。社会的権利としての学びを，市場をとおして提供しようとするような構

序：国家，地域づくりと社会教育 13

想は学びの個別化を進めるが，他方で，政策が提示するような狭量な公共性の強調は学びの手段化を進めるという意味で，こうした個別化政策と表裏の関係にある。だからこそ，わたくしたちは国家がいかなる社会像を描いているのか，国民の参加を真に進めるものになっているのかが問われねばならないのである。

(2) 「地域づくり」と未来社会像

これとの関連で，どのような地域づくりをめざすのか，という問題がある。そもそも社会教育は，どのようなことをめざしてきたのか。社会教育の立場からは地域づくりの拠点の一つとして公民館が考えられるが，社会教育法では，公民館の目的は，以下のように規定されている。

> 公民館は，市町村その他一定区域内の住民のために，実際生活に即する教育，学術および文化に関する各種の事業を行い，もって住民の教養の向上，健康の増進，情操の純化を図り，生活文化の振興，社会福祉の増進に寄与することを目的とする（社会教育法第20条）。

ここでいう「社会福祉」とは，行政制度のいう福祉領域ではなく，地域の中で「よくあること」，よりよく暮らすことと理解すべきである。

しかしながら，「よりよい暮らし」ということを脱文脈的，脱社会的に，文字通り情緒的なこととして理解すべきではない。「実際生活に即する」学習ということからすれば，地域の諸課題をどのようなものとして理解するのか，ということを吟味すべきである。地域における経済の衰退や，働くことの困難を，ただ現象として理解すれば，経済の活性化のための「地域づくり」が問われよう。それを個人の資格や知識・能力の問題として個体主義的に理解すれば，その解決は，一人ひとりが奮起して自ら起業することや，大学での継続教育や資格取得への個々人の努力の問題として理解されることになる。

地域をめぐる問題を，経済のグローバル化の中で進みつつある地域間の資

本移動や収奪のプロセスとして理解すれば，こうした構造をいかに変革しうるのか，ということを志向することが大切になる。こうした方向性を示すのが，岡田知弘の持続可能性を踏まえた「地域内経済循環」であったり，内橋克人のいう福祉（ケア）・エネルギー・食料の地域循環ということになるだろう。ここでいわれる地域内循環は，もちろん閉鎖的なものではなく，世界に拓かれつつ，かつ地域内循環をつくるという視点になる。

　そこで大切なことは，持続可能な地域をいかにつくるのか，ということであろう。とりわけ地域の暮らしにおける環境，福祉・ケアの側面，その基盤となる労働や雇用のあり方が重要な要素である。新しい労働のあり方＝社会的企業・労働者協同組合などへの注目はこうした課題意識をもっている。労働と暮らしとの分断を越えて，仕事と暮らしをどのように結びつけるのか，これまでとは異なる社会のあり方をめざす「地域づくり」が求められる。

⑶　社会教育実践の分析方法

　「地域づくりと社会教育」の研究でもう一つ問われることがある。それは，どのような「地域づくり」を対象として描くのか，ということである。社会学的分析では地域支配がいかに推進されたのか，を挙げるのが通例である。地方改良運動であれば，宮城県では事例地として生出村がまず浮ぶだろう。地主支配であれば，新潟や山形県などの巨大地主地帯の支配体制と農民運動を取り上げる。こうした視点から地域づくりがいかに危険なのか，という事例分析を進めるのも一つの方向であろう。

　これに対して，社会教育学の事例の取り上げ方は，「すぐれた地域づくり」が行われた市町村，地域を対象とする。無論，そうした事例法を否定するわけではないが，注意すべきは，そこに「すぐれた」という先入観が入り込み，評価を恣意的なものにする危険性がある。

　そもそも，「すぐれた実践」とはどういうものなのか。まず，①すぐに思いつくのは「すぐれた事業」である。そこでは研究者・研究者コミュニティのなかで共有されている，ある想定された「活動」が描かれる。次にくるのが②「すぐれた実践者」の取組み。そこでの問題は，研究を行う前に，すで

に「すぐれた」という判断が下されていることである。こうした先入観，思い込みが，事例法をとる研究者の眼を曇らせる。

　例えば，私は数年前に「福祉コミュニティづくりと公民館の存立関係」という実証的研究をまとめたが，羅生門アプローチ[4]を意識的に使った背景には，こうした課題意識があった[5]。

　社会教育研究者にとっては著名な松本市の公民館は，地域の住民からどのように認識されているのか。研究者が自明視している公民館は，少なくとも地区の住民にとっては自明なものではない。次のようなインタビューがある。

○私，公民館と出張所が別だということを知らなくて，あそこに入るとみんな出張所というイメージでいたんですけど（福祉ひろば・コーディネーター）。
○基本的に，その，館長さんと主事さんと出張所さんという区別がつくのが1年くらいかかる。あんなとこ，簡単には入れないですよ（自治公民館長）。

　研究者にとっては自明の「公民館」が，この分析を通して地域住民には自明でないことを明かにしている。しかも，存立関係という視点で見ると，他の実践コミュニティとの切断が存在する。福祉ひろばは，公民館に隣接して設置されているにもかかわらずである。さらに，地区公民館と町内公民館との関係は，松本市の理解では対等平等の関係，いわゆる〈並列〉として整理されているが，それはあくまで行政による整理であり，町会，町内公民館役員を含めた住民たちの認識とは大きなかい離が存在する。地区公民館と町内公民館との関係は〈並立〉なのか，「現実はそうじゃない」。中央と分館というような序列的な関係であると住民たちは認識し，そして行動している現実がある。

　実証的研究では，事実をリアルに把握することが出発点である。今後，運営のあり方を改善していくためにも，住民の認識を適切に捉えることが研究者に求められる役割であろう。

⑷　地域づくりの実践コミュニティとインフォーマル教育

　もう一つの問題は，社会教育の分析における焦点はどこにおかれるべきか，という課題である。最近出版された佐藤一子編著による『地域学習の創造』は，「地域づくりと社会教育」というテーマに対して，「地域学習」という概念を提起している。

　ここでは佐藤と宮﨑隆志の論考だけに限って触れたい。二人の分析単位の捉え方には微妙な違いがある。佐藤の分析は，意図的・組織的な教育的働きかけに焦点を絞った分析となっている。宮原誠一の社会教育の本質理解を正統に継承するものと理解してよいだろう。これに対して，宮﨑は，「諸個人・暮らし・地域」であり，学習主体の存在論的基盤である地域において展開する，人々の暮らしをめぐる困難，暮らしに関わる諸活動における矛盾の解決として展開されざるをえない住民の活動システムが出発点になっている。そこにインフォーマルな学習が生まれ，やがて組織的な，つまり，ノンフォーマルな学びが組織される。この展開過程を究明することが社会教育研究の課題になると捉えている。[6]

　「地域づくりと社会教育」というテーマで考えるとき，従来，教育的アプローチとして考えられていたのは，ノンフォーマル・エデュケーションであり，地域課題を解決するための専門的・科学的知識を獲得すべくもたれる講座等の教育事業が想定されていた。信濃生産大学もこうした認識枠組みだったのではないか。そこでは地域課題・解決に関連する科学的知識を獲得すれば，人々は確信を持ち，地域づくり実践に参加し，その力で解決するというプロセスを想定していた。つまり，地域学習をノンフォーマル・エデュケーションとしてのみ捉える立場となる。

　ノンフォーマルな学習の意義は大切だとして，しかし，それだけでは一面的であるといえよう。課題そのものが変化し，流動的なとき，フォーマル・エデュケーションやノンフォーマル・エデュケーションだけでなく，それ以上に，インフォーマル・エデュケーションが重視される必要があるということが国際的な議論であり[7]，生涯学習論の現代的特徴でもある。

　宮﨑が指摘するように，社会教育学の分析の単位は，地域課題を解決しよ

うという住民の活動システムと，そこにおけるインフォーマル・エデュケーションとして捉えることであり，これも認知的側面だけでなく，意志や意欲など情動的側面を含むものでなければならない。

　しかし，ただ学習として捉える立場も不十分だというのが私たちの主張である。教育者がどのような役割を果たすのか，そこで必要とされる専門性とは何か，という諸点を議論する必要がある。教育実践はすぐれて価値的働きかけである。したがって，教育者の役割が重要性をもつ。それを誰が担い，どのように教育的に働きかけるのか，ということを問題にすべきである。それは政治的であり，イデオロギー的であると批判をされるかもしれないが，地域づくりにおける成人教育は，すぐれて政治的であり，イデオロギー的である，広義の政治教育の要素を含まざるをえないのである。

⑸　地域づくり実践と評価の焦点

　いまや「地域づくり」「地域創生」は政策のもっとも重要な柱となっている。いろいろな取組みが具体的に進められつつもある。研究も然りであろう。さまざまな領域の実践や研究が行われている。地域づくりについての研究が学際性をもつ中で，社会教育学の固有性はどこに求められるのだろうか。

　さらに本来，社会教育実践の目的はどのようなものなのか。例えば，地域経済が活性化することなのか。「地域内経済循環」をめざすということになるのだろうか。こうした循環をつくる実践が重要なことはいうまでもない。しかし，社会教育の固有の課題は，「地域内経済循環」をつくったり，FECの関係を確立することではない。それは社会教育固有の対象ではない。

　大切なことは，学びをとおして人々の関係を形成することにある。とりわけ，どのような価値の転換をめざすのかがポイントとなるだろう。社会的に排除されている人たち，脆弱な人たち，マイノリティの人たちの声をどのように反映させるのか。彼・彼女たちの参加をどのように推進するのか。つまり，「包容的」あるいは「包摂的」な地域をつくることが大切なのである。子ども・若者・高齢者・女性の参加・参画を進めること，貧困・社会的弱

者・マイノリティ・排除された人々の参加がとりわけ重要だろう。これは社会正義の問題にほかならない。同時に，住民自治，民主主義の問題が問われる。プロセスにおける参加，エンパワーメント，平等，民主主義が試金石となるだろう。

　確かに地域の活性化や再生は，大切なアウトカム指標であり，プロセス評価ポイントの一つといってよいだろう。しかし，それが社会教育固有の評価かというと，そうではない。この活動における人々の関係性（相互作用）の質こそが問われるべきであり，私見では，学びは最終的には個々人の意味構成，理解に帰着する。つまり，共同学習であっても，そこから学ぶのは集団ではなくて，一人ひとりの参加者なのである。実践に参加した一人ひとりが，何をどのように学んだのかを明らかにすることが課題となる。

おわりに

　「地域づくりと社会教育」をめぐって，これまで論じてきた。大切なことは，①「地域づくり」「地域創生」政策の政治的文脈に無自覚な研究や実践であってはならないということ，②社会教育固有の分析単位を明らかにする必要があるということ，③「なりゆきまかせの実践」ではなく，めざすべき社会的価値を明示化すべきこと，それをめぐる批判的議論や省察が不可欠なこと，④社会教育固有の評価の焦点に自覚的であるべきだということを主張してきた。「地域づくりと社会教育」を検討するとき，これらの論点をめぐり議論を深めることが求められるだろう。この課題は，後の各章で詳しく論じられよう。

　私たちは，どのような地域をつくるのか。どのような社会をつくるのか。そのとき，社会教育は，いかなる役割を果たしうるのか。社会教育実践の意義とともに，限界にも自覚的でなければならない。社会教育ができることの意義を強調することは必要だが，同時に，研究を通して社会教育実践の限界を自覚することが大切である。なぜなら，限界を知るからこそ，そこに協働の契機がうまれるからである。

序：国家，地域づくりと社会教育

参考文献

1）オッフェ，クラウス，『後期資本制社会システム—資本制的民主制の諸制度』法政大学出版会，1988年。

2）国民生活審議会調査部会コミュニティ問題小委員会『コミュニティ—生活の場における人間性の回復』1969年。

3）佐藤一子編著『地域学習の創造—地域再生への学びを拓く』東京大学出版会，2015年。

4）高橋満『社会教育の現代的実践：学びをつくるコラボレーション』創風社，2003年。

5）高橋満『NPOの公共性と生涯学習のガバナンス』東信堂，2009年。

6）高橋満『コミュニティワークの教育的実践：教育と福祉とを結ぶ』東信堂，2013年。

7）松下圭一『社会教育の終焉』筑摩書房，1986年。

8）Fitzpatrick Tony, *After the new social democracy: Social welfare for the twenty-first century*, Manchester University Press, 2013.

【註】

1）Fitzpatrick Tony, *After the new social democracy: Social welfare for the twenty-first century*, Manchester University Press, 2013.

2）以下の分析は，高橋満『社会教育の現代的実践：学びをつくるコラボレーション』（創風社，2003年），高橋満『NPOの公共性と生涯学習のガバナンス』（東信堂，2009年），による。

3）オッフェ，クラウス，『後期資本制社会システム—資本制的民主制の諸制度』法政大学出版会，1988年。

4）それぞれの機関の立場から，それぞれの活動とこれらの諸機関相互の連関を明らかにし，その中で地区公民館がいかに存立（運営・事業計画・実施など）しているのかを捉える見方であり，論述の仕方である。

5）高橋満『コミュニティワークの教育的実践：教育と福祉とを結ぶ』（東信堂），2013年。

6）「実践の方向性や目的を定める知」は自ずと得られるだろうか。現在の「地域創生」にのり，戦前でいえば，ファシズムに吸収されない保障はどこにあるのか。「社会的価値」をめぐる問題である。これこそ，まさに教育実践をめぐる社会的価値をめぐる選択の問題にほかならない。

7）知識基盤社会論をめぐり議論されてきた。

第Ⅰ部

地域づくり政策下の
社会教育

「地方創生」政策と地域づくり

岡田 知弘

はじめに

2019年5月23日，官邸に置かれた〈第2期「まち・ひと・しごと創生総合戦略」策定に関する有識者会議〉（増田寛也座長）が，第1期の「地方創生総合戦略」の「中間とりまとめ報告書」を公表した。それによると，「東京一極集中に歯止めがかかるような状況とはなっていない」という。さらに，6月には新聞各紙が最新の人口動態統計の結果を報じ，2018年の合計特殊出生率は1.42となり，3年連続で減少したと報じた。つまり，2014年9月に鳴り物入りで開始された「地方創生」政策は，うまくいっていないということである。

現今の「地方創生」政策が，地方の地域経済や社会の発展に結びつくかといえば，実はそうならないという根拠がある。小論では，地域経済学，地方自治論，地域づくり論の視角から，「地方創生」政策形成の政治経済的背景と狙いを把握したうえで，同政策のもつ限界点を明らかにするとともに，一人ひとりの住民の生活を豊かにするための展望と，そこでの社会教育の役割について述べてみたい。

1．第二次安倍政権下での「地方創生」をめぐる政治経済的背景

(1)　「地方創生」の表層的な流れ

　まず，時系列的に「地方創生」政策の流れを追ってみよう。第二次安倍政権が「地方創生」を打ち出した背景には，2014年4月の消費税増税後，「アベノミクス」の効果が「地方」に波及していないという指摘が各方面からなされてきた。「地方創生」の直接の契機は，同年5月8日，増田寛也元総務大臣が座長を務める日本創成会議が発表した「増田レポート」（正式名称は「ストップ少子化・地方元気戦略」）の「自治体消滅」論であった。同レポートは，2040年までに半数の自治体が消滅する可能性があるとし，全国の自治体に衝撃が走った。

　2014年9月の内閣改造で，安倍首相は，「自治体消滅」の危機への対応として「地方創生」を掲げ，石破茂自民党幹事長を担当大臣に指名した。その後，さらに，第一次安倍政権以来の宿願であった改憲を自らの手で成し遂げるために2014年冬の解散・総選挙を仕掛ける。その解散前に，あえて「地方創生関連法案」の成立にこだわった[1]。その後，同法に基づき，国の地方創生総合戦略の策定とともに地方自治体の総合戦略づくりを2015年度にかけて実施する体制をつくる。

　さらに，15年10月に大筋合意となった TPP（環太平洋経済連携協定）も「地方創生」と深く関わる。安倍首相は，16年1月の施政方針演説において，「地方創生」の第一の柱として TPP の活用を強調し，TPP と「地方創生」とを「直結」させるとしたのである。

(2)　第二次安倍政権における意思決定機構の再編─「官邸」主導型政治

　留意すべきは，第二次安倍政権下の重要な経済財政政策の決定が，従来のように与党内での議論や，各省庁からの政策提案の積み重ねを抜きになされている点である。すなわち，民主党から政権を奪還した第二次安倍政権は，

「地方創生」政策と地域づくり　│　25

小泉構造改革が推進した官邸主導政治を復活させ，経済財政諮問会議を再開，さらに第一次安倍政権のときに設置した規制改革会議も復活，新たに産業競争力会議を新設する。それらの主要政策決定組織には，小泉構造改革の参謀役として活躍した竹中平蔵パソナ会長はじめ新自由主義改革を志向する学識経験者，日本経団連役職者に加え，経済同友会の新浪剛史ローソン社長（当時），新経済連盟の三木谷浩史楽天会長が入り，政官財抱合体制を拡大強化する。さらに，経団連は，政策評価による政治献金の再開も開始しており，政府の政策決定において重要な役割を果たしていく。

　第二に，官僚機構の幹部人事を官邸が掌握するために内閣人事局を置いた（2014年）ことも注目される。これにより，官邸側は自らの政策遂行に協力してくれる幹部職員をピックアップして活用することができるようになり，各省庁とも官邸が好む官僚たちが重用されていくことになった。

　第三に，1999年の官民人事交流法等に基づき，官僚機構と大企業との人事交流が増大したことである。民主党政権下の2011年時点では民間企業から中央省庁への常勤職員の出向は790人であった。これが，18年には1419人へと増える（内閣官房「民間から国への職員の受入れ状況」2019年2月27日）。従来の「天下り」に加え，「天上り」という太いパイプが作られ，官邸と経済界との癒着が，政策決定，執行過程まで及ぶようになっている。

(3)　成長戦略

　以上のような意思決定機構の再編と並行して，日本経団連等の財界が要望する政策が，2014年6月以降，次々と決定されていく。

　第一に，規制改革会議では「岩盤規制」に「ドリル」で「風穴をあける」として国家戦略特区制度を提案した。その重点は，雇用（労働時間規制の緩和），農業（農協・農業委員会制度改革，農地取引の企業開放），医療（混合診療）であり，このうち農協・農業委員会制度・農地法「改正」については，2015年秋の「安保国会」で可決成立する。

　第二に，産業競争力会議では，「日本再興戦略」を改訂し，多国籍企業の「稼ぐ力」（＝収益力）重視を前面にだす。そこでの重点は，雇用（女性，外

国人労働力の活用），福祉（公的年金資産での株式運用増），医療（医療法人の持ち株会社制度），農業（農林水産物輸出推進），エネルギー（原発早期再稼働，再生可能エネ買い取り価格制度改定）であった。

2014年9月，内閣改造で「地方創生担当大臣」が新設され，石破茂自民党幹事長が任命された際，日本経団連は歓迎のコメントを発表（9月3日「新内閣に望む」）する。そこでは，「地域の基幹産業である農業や観光の振興，防災・減災対策，国土強靭化，PFIやPPPによる民間参加などにより地域経済を活性化する」と述べ，「ローカル市場」とりわけ農業や公共分野への参入欲求をあらわにした。

この財界サイドの要望を，自民党は2014年総選挙向けの政権公約で盛り込む。そこには，「地方創生を規制改革により実現し，新たな発展モデルを構築しようとする『やる気のある，志の高い地方自治体』を，国家戦略特区における『地方創生特区』として，早期に指定することにより，地域の新規産業・雇用を創出します」と明記されていた。

さらに，経済財政諮問会議の「骨太の方針2015」では，経済成長戦略として「公的サービスの産業化」を位置付け，とくに社会保障分野，教育・科学技術，地方行政，社会資本をターゲットにして規制改革による市場創出を図ることが決定されていく。

⑷　地方制度改革

「地方創生」のもう一つの柱は，地方制度改革である。増田レポートが公表された直後に，第三一次地方制度調査会が発足する。その会長には，日本経団連副会長・道州制推進委員会委員長の畔柳三菱東京UFJ銀行特別顧問が就任した。会議直後に，同会長は「自然に道州制の議論にもなるだろう」と表明している（『自治日報』2014年5月23日）。安倍首相からの諮問事項は，「人口減少社会に対応した地方行政体制再編」のあり方を検討するということであり，増田レポートを前提に，専門小委員会を中心に答申文の作成作業を行う。ちなみにその小委員長に指名されたのは翌年の国会で，安保関連法案は違憲であると陳述した長谷部恭男・早稲田大学教授であった。

また，「地方創生」と道州制，地方制度改革との関係については，石破茂担当大臣を指名した際の，「今回，地域活性化のほか，地方分権，道州制改革など，ありとあらゆる地方政策に関わる権限を集中して，新たに地方創生担当大臣を創設いたしました」という安倍首相による記者会見記録（2014年9月3日）によって確認することができる。

　安倍首相は，第一次政権の際に実現できなかった道州制導入への地ならしとなる道州制推進基本法の制定を模索していたが，自民党内でもまとまらず，くすぶったままであった。そこで，「地方創生」によって地方分権改革と連携中枢都市圏の育成をすることで道州制移行への迂回路を設けたといえる。先の「自民党政権公約2014」にある「道州制の導入に向けて，国民的合意を得ながら進めてまいります。導入までの間は，地方創生の視点に立ち，国，都道府県，市町村の役割分担を整理し，住民に一番身近な基礎自治体（市町村）の機能強化を図ります」という一文は，その点を表現するものである。

(5)　国土計形成画の見直し

　さらに，「地方創生」は国土計画の見直し作業とも連動していた。国土交通省では，『国土のグランドデザイン2050』が，2014年7月4日に決定されたが，その状況認識として増田レポートを前提にした「地域存続の危機」が指摘されていた。また，それに対する基本戦略としてコンパクトな拠点とネットワークの構築等十項目を挙げた。中でも，リニア新幹線建設を大前提に三大都市圏を結合した「スーパーメガリージョン」形成と「コンパクト＋ネットワーク」による「高次地方都市連合」（人口30万人程度）構築，農村集落再編を念頭において中心集落に公共施設を集中させる「小さな拠点」整備を盛り込んでいるのが特徴である。

　国土交通省では，これを基に2015年8月に「国土形成計画（全国計画）」を決定，さらに8ブロックでの広域地方計画策定を15年度中に行った。上記の広域地方計画を，青森県のように地方創生総合戦略の「上位計画」として位置づける県も登場するほか，19年5月までに全国の250自治体が，コンパ

クトシティ（集約都市）推進のための立地適正化計画の策定を行っている。

２．「地方創生」の政策群と実施過程

⑴　地方創生関連二法の制定と地方創生総合戦略づくり

　次に，「地方創生」の政策群と実施過程をトレースしてみよう。安倍政権は，2014年11月21日，衆院解散直前に「まち・ひと・しごと創生法」（地方創生法）を可決成立させる。この法律には，基本理念と創生本部設置の組織規程，国及び地方自治体での総合戦略策定の責務規程が盛り込まれた。同法によって地方自治体は，15年度中に地方自治体での総合戦略をつくる努力義務が生じた。また関連法として地域再生法の一部改正がなされた。ここでは，コンパクトシティの推進，六次産業化に係る施設への農地転用の特例措置に加え，事業の実施にあたっての首相の調整・勧告権限が新設され，国主導の「成長」政策への条件整備がなされる。

　さらに，総選挙後の12月26日，国の地方創生総合戦略が決定された。その重点分野は，移住（移住希望者支援，企業移転促進，地方大学の活性化），雇用（農業，観光，福祉），子育て，行政の集約と拠点化（拠点都市の公共施設・サービスの集約，小さな拠点整備），地域間の連携（拠点都市と近隣市町村の連携推進）であった。さらに，国は，2060年人口目標１億人，2050年代成長率1.5～2.0％という数値目標を決定する。もっとも，そのような数値目標は地方自治体が動くことなしには実現しえない。そこで政府は，地方自治体の総合戦略と人口ビジョンの策定を実質義務化したのである。この結果，同年度内にほとんどの自治体が地方版総合戦略を策定したが，結果的にコンサルタント業者への丸投げがなされ，住民参加の戦略づくりがなされたところはごくわずかであった。

⑵　地方版総合戦略の進行管理手法

　地方版総合戦略の策定に当たり，政府は，各自治体に，基本目標（数値，

「地方創生」政策と地域づくり

客観的指標）と目標達成のために講ずべき施策の明記を求めた。その数値目標がKPI（重要業績評価指標）であり，例えば，雇用創出，人口流入，結婚子育て等の目標の下に，「新規就農者数，観光入込客数，移住相談件数，進出企業数，若者就業率，小さな拠点数」をKPIとした。とくに農業分野では，輸出額，国産材供給量，都市との交流人口等をKPIにすることが例示された。これらのKPIの達成状況を政府が五年後に評価することによって交付金額を増減させる，あからさまな財政誘導の仕組みである。

　このようなKPIの活用による財政誘導に加え，国家公務員・民間「専門家」の地方自治体への人的派遣，地域経済分析システム（RESAS）等でのビックデータ及びコンサルタントの活用，情報一元化によって，政府は地方自治体行政の把握を強化していく。

⑶　「連携中枢都市圏」，「小さな拠点」づくり

　拠点都市と周辺町村との連携強化については，連携中枢都市圏構想として具体化する。拠点都市である連携中枢都市と周辺町村が「連携協約」を締結し，行政サービスの広域連携を推進するものであり，75万人の圏域人口を抱える拠点都市には2億円を交付，連携協定を結ぶ市町村にも交付金を分配するという財政誘導付きである。連携中枢都市は，概ね人口20万人以上の中核市・政令市が想定されたが，その後要件が緩和され，20万人に満たない都市も認定されている。さらに，人口が少ない地域では，定住自立圏や府県境を越えた連携協定も推進しており，行政施設や行政サービスの「選択と集中」を図る動きが活発化している。「小さな拠点」形成の核としての「地域運営組織」の制度設計も進められている。そこでは，住民自治組織と経済組織の統合体を構想し，民間資本の参入も想定されている。

⑷　「骨太の方針2015」及び「地方創生基本方針」

　さらに，15年6月，政府は表記の2方針を決定するが，そこでは医療・社会保障分野での歳出抑制・削減するとともに，地方財政支出を削減するため

に，地方交付税算定方式を「標準」から市場化前提の「トップランナー方式」に切り替えると同時に，成果主義的算定分を拡大するとした。また，成長戦略の一環として，社会保障分野，教育・科学技術，地方行政，社会資本整備分野において「公的サービスの産業化」を推進するとした。その一環として，社会教育施設をはじめとする公共施設・小中学校の統廃合や民営化を促進しつつある。

３．「地方創生」が内包する矛盾

⑴ 「地方創生」政策自体が孕(はら)む矛盾

「地方創生」政策は，それ自体，重要な矛盾を孕んでいる。第一に，そもそも現状の地域経済の衰退は，野放図なグローバル化と構造改革政策に起因する[2]。地域の再生と地域産業を一層破壊する TPP 推進策とは根本的に矛盾する。安倍政権は，TPP 交渉から米国が抜けたあとも，TPP11の締結に執念を燃やし，これを2018年12月に発効させた上，19年２月には EU との経済連携協定も発効させており，地域産業への打撃は一層大きくなった。

第二に，「少子化」・人口減少問題は，派遣労働者の拡大政策による青年の非正規雇用化と低賃金によって生じている。ところが2015年秋の安保国会においてグローバル企業の「稼ぐ力」を強化するために，労働者派遣法の改悪がなされ，さらなる派遣労働の拡大に道を開いた。

第三に，東京に本社をおく大企業のほとんどが，地方への「本社機能」移転には否定的である。経団連の調査（2015年９月）によれば，将来的に本社機能を移転する可能性があると回答した企業比率は7.5％にすぎない。

「地方創生」で主として潤うのは，規制緩和や PPP，PFI で参入する大企業や多国籍企業であり，地元の中小企業や農家ではない。その典型が，「国家戦略特区」である。同特区は，経済財政諮問会議が統括し10地区が指定されている。新潟市国家戦略特別区域計画の場合，ローソンが新潟市内の農家と連携し，農地法等の特例を活用した新たな農業生産法人を設立した上で，ローソン店舗で販売するコメの生産，加工を行うことが盛り込まれている。

「地方創生」政策と地域づくり | 31

このように，産業競争力会議で農政改革を提唱した新浪剛史がトップを務めていたローソンが進出し，決して地域農業全体の進行には結びついていない点に留意しなければならない[3]。

第四に，2016年2月29日に，第31次地方制度調査会答申がまとまる。結局，答申文の中には，「道州制」の文言は入らなかった。答申では，市町村連携の活用を強調し，前述したように連携中枢都市圏の対象範囲の拡大や定住自立圏の活用，県の補完を盛り込んだ。これは，道州制導入に伴うさらなる市町村合併に対して全国町村会，町村議長会から猛烈な反発があったからであり，それを裏付けるように西尾勝元地方制度調査会会長が国会で「平成の大合併は惨憺たる結果」と証言していた（『参議院　国の統治機構に関する調査会会議録』第一号，2015年3月4日）。ただし，連携都市圏や定住自立圏は，周辺町村の行財政能力・自治権の空洞化を加速する可能性もあり留意が必要である。

第五に，何よりも，これまでの構造改革や「選択と集中」による地方制度改革を通して，「住み続けることができない地域」が広がっている点である。自然災害が続発するなかで，仮に人口20万人以上の中心都市に行政投資や人口を集めた場合，国土面積の9割を占めている小規模自治体に対する行政投資が減少し，災害リスクを高めることは明白である。

(2) 「地方創生」政策運用をめぐる矛盾

最後に，これまでの「地方分権」の流れに逆行する，政府による中央集権的な手法と地方自治介入がなされていることである。それは，財政誘導による数値目標（KPI），施策メニューの押し付け，国家公務員，民間「専門家」の地方自治体への人的派遣，ビッグデータの活用強制（マイナンバーも含む）と情報一元化による自治体行政把握，長期的総合的に取組むべき地域づくりについて短期的成果を求めることに表れている。

このような形での地方自治の形骸化，空洞化は許されるものではない。しかも，地域づくりには住民の合意が不可欠であり長期の時間が必要であるにもかかわらず，5年のPDCAサイクルで国が評価し，新型交付金，さらに

第Ⅰ部　地域づくり政策下の社会教育

は地方交付税にもそれを反映させる仕組みが導入されている。このような国によるトップダウン的な政策手法に対して、多くの地方自治体関係者から不満や不安の声があがるのは当然のことである。そして、実際にも、冒頭で述べたように、地方における地域経済の発展を促すどころか、むしろそれを抑える役割を果たしていると言える。

4．地域再生の対抗軸

(1)　中央政府レベルでの野放図なグローバル化，構造改革政策の転換

　では、住民主体の地域再生のために、何が必要なのか。従来からの構造改革路線を引き継ぐ「グローバル国家」（日本経団連）が提唱する政策は、地域経済を「破壊」するだけであり、逆に国民・住民の消費購買力を拡大し、生活向上に直結する改革こそ必要だといえる。

　地域経済・社会を担っているのは、圧倒的多くの中小企業や農家、協同組合である。中小企業だけで全国の企業の99.7％、従業者の69.7％を占めている。これに農林漁家や地方自治体が加わる。地域経済・社会の土台をつくるこれらの経済主体の地域内再投資力を高める政策に転換することが、最も重要である。

(2)　「小さくても輝く自治体フォーラム」参加自治体の実践から学ぶ

　それを実践してきたのが、「小さくても輝く自治体フォーラム」運動に参加する基礎自治体の取組みである。同フォーラムは、半強制的な市町村合併に異議申し立てを行う全国の小規模自治体が集まり、2003年2月に発足し、現在も活動を続けている[4]。いずれも、憲法理念に則り地方自治の重要性を主張するとともに、住民自治を基にした福祉の向上をはかり、人口を維持し増やす地域づくりを実践してきた自治体である。

　このフォーラム運動を通して、長野県栄村や阿智村、宮崎県綾町、徳島県上勝町、高知県馬路村などに代表される小規模自治体ほど、住民一人ひとり

「地方創生」政策と地域づくり　33

の命と暮らしに視点をおいたきめ細かな地域づくり，有機農業や森林エネルギーの活用，地球環境問題への取組みが可能になることが明らかとなっている。いずれも，現場の声を基に自治体と住民，企業，農家，協同組合が共同して創造的かつ総合的な地域政策を積み上げてきた結果であり，「地方創生」のトップダウン的な政策手法とは正反対である。これらの小規模自治体の合計特殊出生率は東京都をはるかに超え，島根県海士町や綾町，北海道東川村などでは人口を増やしているのである。

　小規模自治体の優れた地域づくりを見ると，団体自治と住民自治が結合してはじめて，地域づくりが進むことがわかる。まさに「小さいからこそ輝く」のであり，これが地方自治の原点であると言える。とりわけ注目されるのは，これらの小規模自治体では，共通して社会教育活動が活発であり，住民が主権者として地域づくりに参加している点である。栄村，阿智村，綾町等では公民館活動が活発に展開されてきた長い歴史がある。阿智村では中央公民館に加え自治公民館活動が盛んである。綾町の有機農業の里づくりを支えたのも自治公民館運動であった[5]。

(3)　大規模自治体での「都市内分権」，住民自治の基盤づくり

　このことは，広域自治体や大都市自治体での「都市内分権」，住民自治の基盤づくりにもつながる。新潟県上越市では，28の地域自治区・地域自治組織と公募公選制度による地域協議員の選定，地域自治区独自予算の形成という形で，先進的な都市内分権制度ときめ細かな地域政策を生み出している。ちなみに，上越市の地域自治区のうち旧上越市内に設置された地域自治組織の範囲は，ほかでもない昭和の合併の際の基礎単位となった「昭和旧村」であった。集落と「昭和旧村」を基本にした地域づくりこそ，最も重要であることを示唆している。

　新政令市の浜松市や新潟市でも，合併時には区ごとに区自治協議会が設置され市民が公募委員として参画できる制度を導入したが，近年，区の再編や自治協議会の発言権を抑制する動きが表面化し，大規模都市の住民自治と団体自治のあり方が，鋭く問われている状況にある。

広域合併自治体や政令市では，重層的な地域自治組織でもうまくいかない場合，改めて主権者である住民の意向に沿って自治体の分離・分割も検討すべき時機であると言える。

⑷　地域内経済循環，再生可能エネルギーへの注目

　では，グローバル化や大災害の時代に，一人ひとりの住民が輝く地域を再生し，持続させるにはどうしたらいいのか。それを効果的に進めるために，地域に一体として存在する農業，製造業，建設業，商業，金融業だけでなく，医療・福祉や環境・国土保全を担う民間企業，農林漁家，協同組合，自治体から構成される経済主体を相互に連携させて地域内経済循環を太くして，地域内再投資力を育成することが必要不可欠である。

　これらの経済主体には，地域の就業者のほとんどが関係しているので，地域全体が再生していくことになる。足元の地域で生活しながら，経済主体としても活躍する中小企業や農林漁家の経営者・従業員やその家族は，単に経済的な側面での役割だけでなく，地域コミュニティの形成者，地域の文化活動の担い手，さらに地方自治体の主権者でもある。このような担い手が自覚的に存在することで，総体としての地域は持続する。

　とりわけ自治体による具体的な政策手段として注目されているのは，中小企業振興基本条例と公契約条例である。前者は，2019年5月時点で全国453自治体（45都道府県），後者は50自治体が制定している。前者は，中小企業振興と地域づくりを一体的に把握し，自治体の責務だけではなく，中小企業，大企業，大学，住民の役割を定めるものであり，近年は，地域経済循環，農商工連携，防災を目的に入れる自治体が増えている[6]。公契約条例は，自治体の調達制度を活用し，地域の最低賃金・原価底上げと地域経済振興を図るものである。

　さらに，地域内経済循環，再生可能エネルギーを積極的に推進する自治体も増えている。岩手県紫波町や滋賀県湖南市では，条例を定めて，自然エネルギーと地域内経済循環を基本に生活・福祉・景観・環境政策を結合し，所得の域内循環と経営維持，地域社会，景観形成，環境保全の相互連関を図ろ

うとしている。また，年金を出発点にした資金循環と仕事おこし，福祉の連関性を追求する取組みも各地でなされている。

　資金・所得の循環，物質・エネルギー循環，人と自然との循環から構成される地域内経済循環が形成されることで，一人ひとりの住民の生活の維持・向上を図ることができると言える。

　これらの動きは，自治体と地域の経済主体の連携による産業自治，エネルギー自治の発展として大いに注目することができよう。このような地域づくりは，住民や地元経済主体の地域づくりへの積極的参加なしには実現しえないし，それは国によって主導されるものではなく，広い意味での社会教育の場で絶えず学ぶことによって持続可能な運動となる。

おわりに

　大災害とグローバル化の時代において「住民の生活領域」としての地域の持続性と「資本の経済活動の領域」としての地域との相克が深まっている状況にある。

　現在，政府が推進しようとしている「自治体戦略2040構想」では，圏域行政を標準化して周辺町村自治体の団体自治と住民自治を制限するとともに，AI（人工知能）やロボティクスなどを使って公務員数を半減し，経団連が提起した公共サービスの産業化をさらに進めるという。そのねらいは，地方自治体の公共サービス，公共施設を，民間企業の利潤の対象として利活用することにある[7]。中でもターゲットは公民館や図書館などの社会教育施設であり，そこでの雇用である。

　主権者としての住民の自主的な学びの場が，営利の対象となってきており，危機に瀕している状況にある。これは，単に社会教育だけでなく，日本の憲法，地方自治の本質に迫る重大問題だと言える。災害の激発や貧困化の拡大の中で，人間の生命と幸福追求権，生存権を保障することが何よりも求められている。このような時代における主権者としての成長を，学校教育，社会教育の場でいかに保障するかが問われている。

　そのためには，個々の地域における「地域学」の創造・深化と地域住民主

権の確立が求められている。

【註】
1）詳しくは，岡田知弘『「自治体消滅」論を超えて』自治体研究社，2014年，岡田知弘他『地方消滅論・地方創生政策を問う』自治体研究社，2015年を参照。
2）岡田知弘「グローバル化と地域経済の変貌―『地方創生』政策で深まる矛盾」『経済』2016年11月号。
3）岡田知弘「『国家戦略特区』とは何なのか」『季論21』第39号，2018年。
4）全国小さくても輝く自治体フォーラムの会編『小さな自治体　輝く自治』自治体研究社，2014年。
5）『社会教育・生涯学習研究所年報』第13・14合併号（2019年）の特集論文を参照。
6）以下，岡田知弘他『増補版　中小企業振興条例で地域をつくる』自治体研究社，2013年，参照。
7）白藤博行・岡田知弘・平岡和久『「自治体戦略2040構想」と地方自治』自治体研究社，2019年，参照。

【付記】
　本論文は，岡田知弘「『地方創生』をめぐる矛盾と対抗」『農業法研究』第52号，2017年6月をベースに改稿したものである。

コミュニティ政策と社会教育との関係

田中 雅文

はじめに

　戦後の日本社会では，郷土復興の学習拠点として公民館が位置づけられており，住民の学習活動と地域づくりは密接な関係にあった。ところが現代では，各行政部門の機能と独立性が高まり，社会教育行政と地域づくり政策との関係は自治体によって大きく異なることとなった。

　両者の関係について，公民館の位置づけに着目して現在の主な傾向を二つ挙げると次のようである。第1に，社会教育行政が地域づくり政策に資するものである。例えば，東京都国分寺市や長野県飯田市の公民館は，学習の促進を通して地域づくりに貢献している（第1期国分寺市公民館運営審議会2017，東京大学大学院教育学研究科社会教育学・生涯学習論研究室2011）。第2に，公民館の地域づくりセンター化である。この場合は，公民館が首長部局の所管となって社会教育の機能が減退することも懸念される。

　2018年12月に提出された中央教育審議会答申「人口減少時代の新しい地域づくりに向けた社会教育の振興方策について」では，地域づくりに果たす社会教育の役割の大きさを強調する一方で，社会教育施設の所管の弾力化を提言しており，これら両方を促す可能性を含んでいる。

　以上の背景をふまえ，本稿では，地域づくり政策の一環としてのコミュニティ政策と社会教育との関係に焦点を当て，その実態と可能性について事例

分析を通して考察する。コミュニティ政策を取り上げる理由は，地域づくりを支えるソフトなインフラがコミュニティであり，地域づくりにおいて重要な位置にあると考えられるためである。

1. 研究の枠組み

本稿では，下記の理由から東京都武蔵野市を事例として取り上げる。

まず，日本のコミュニティ政策は，国民生活審議会調査部会コミュニティ問題小委員会報告『コミュニティ―生活の場における人間性の回復―』（1969年9月）から始まった。小委員会報告の執筆の中心となったのは佐藤竺であり，彼は武蔵野市のコミュニティ構想策定の中心でもあった。そのため，同市は国のコミュニティ政策の理念をかなり忠実に実現させている。

次に，同市は制度としての自治会・町内会をもたず，コミュニティセンター（以下コミセン）を拠点に開かれたコミュニティづくりを推進しているため，コミュニティ政策が地域社会や社会教育に及ぼす影響を明確に分析できる。最後に，同市は松下圭一の「社会教育の終焉」論の舞台となった地域であり，松下理論の検証が可能である。

以上の理由から，本稿では武蔵野市を事例に取り上げ，次の手順で考察する。まず，コミュニティ政策の発足期（1970年代）に焦点を当て，コミュニティ政策と社会教育が相互に影響を及ぼしあった実態を分析する。次に，当時の帰結がその後の両者の関係に及ぼした影響を把握し，現時点でどのような事象となって現れているかを捉える。以上の結果をふまえて，コミュニティ政策と社会教育との関係について包括的な検討を行う。

なお，筆者は，1970年代から武蔵野市の社会教育とコミセンに深く関わってきた市民，及びその後継者の市民とともに，社会教育とコミュニティに関する学習会に参加してきた（2014年以降毎月1回開催）。その中で，歴史的な資料の収集，関係者インタビュー，コミセンでの学習活動の実態調査などを行ってきた。本稿では，これらの経験から得たデータを用いて考察する。

コミュニティ政策と社会教育との関係 | 39

２．武蔵野市のコミュニティ政策

⑴　武蔵野市のコミュニティ政策の特徴

　1971年２月，武蔵野市として初めての長期計画が策定され，その中でコミュニティ構想が策定された。そこでのコミュニティとは，市民自身が自らの自治活動をとおしてつくり上げていく動的な存在であり，市民交流のチャンスなどによって生まれるとともに，すべての人々に開かれた開放的なものである。行政は，そのようなコミュニティづくりに「協力」する立場である。

　武蔵野市は1976年から15年間で16施設のコミセンを設置した。住民によるコミュニティ協議会が置かれ，コミセンの管理・運営を任される（コミセンには職員が配置されていない）とともに，コミュニティづくりの役割を担っている。なお，2002年に制定された武蔵野市コミュニティ条例では，地域コミュニティを「居住地域における日常生活の中での出会い，多様な地域活動への参加等を通して形成される人と人とのつながり」と定義している。

⑵　社会教育行政の地位の低下

　このようなコミュニティ政策のもとで，社会教育の位置づけは次第に弱くなっていった。それを象徴するのが長期計画における項目構成である。第一期長期計画には「社会教育」という項目があったものの，第二期基本構想・長期計画（1981年）では「市民文化の創造と市民教育」という項目が置かれた代わりに「社会教育」が削除された。

　こうした経緯について，「社会教育の終焉」論者であり武蔵野市長期計画の策定委員でもあった松下圭一は，「（策定委員会では）人件費をかける公民館型の社会教育行政は不可能であるだけでなく，〈市民文化活動〉を自立させない社会教育行政自体が不用で，市民独自の自立した市民文化活動に委ねるべきという結論をだしていました」（松下　1999，224・226頁）と述べている。経費的な側面と自立した〈市民文化活動〉の重視という考えによって

40　第Ⅰ部　地域づくり政策下の社会教育

公民館は設置されず，その状況は現在に至るまで変わっていない。

３．コミュニティ政策下における社会教育

　しかし，その環境下でも，社会教育行政は主体的な市民を育てる学びの場を生み出していた。主な拠点は1966年度に竣工した武蔵野福祉会館（以下，福祉会館）であった。ここでは，1968年に社会教育課の職員（以下，社会教育職員）が配置されてから10年余りの期間，さまざまな活動な社会教育事業が実践された。本節では，それらの実態と成果を浮き彫りにする。

(1)　母と子の教室

　母親と乳幼児が共に参加する教室として1966年に発足した。子どもは保育室で友達と遊び，母親は別室で学習する。年間を２～３期に分け，各期とも週１回で計15回行われ，開催曜日が週４日あった。つまり，年間合計で12クラスの教室が開催されており，修了生は10年間で約3,000人にのぼる（武蔵野市教育委員会　1977）。修了後にPTA活動に入った人も多い。

　1970年に初の修了生グループが誕生，1972年には自主グループの連携のために連絡協議会が発足した。連絡協議会の活動は，「連協ニュース」の発行，グループごとの学習活動，コミュニティスクール（後述）の合同開催など，多岐にわたっていた。子育てが終了すると連絡協議会を脱会し，独自の活動へと活動を広げていく（老人給食サービス，白書づくり，社会教育を考える会）ケースも少なくなかった。

(2)　婦人学級

　1969年から全市レベルの開催となり，1972年からは会場が福祉会館に移った。婦人（女性）の課題を中心テーマとして，グループでの話し合い・記録などによる運営を行っていた。1971年度の講座修了生により，自主グループ「はばたき」が誕生した。

コミュニティ政策と社会教育との関係 ｜ 41

1974年6月～1975年5月には学習者による自主運営となった。武蔵野市としては「市民自身による学習」の初の試みであった（夏季市民講座記録の会・武蔵野市教育委員会　1979，47頁）。講座に先立ち準備会で企画を練るとともに，実際の講座では司会，資料作り，記録作成を学習者自身が担い，レポート，グループ討論・発表，作文などを取り入れた学習活動が実践された。年間42回という長期学級であった。当初は「各自の主張が一方的・独断的」であった参加者たちが学習の進展とともに少しずつ反省し，「仲間意識が醸成された」とのことである（江口　1975，8頁）。

1976～1977年には夜間学級となり，テーマは「女が働くことをめぐって」であった。講義形式で始まったものの，「意見の交換や日頃の思いを語り合うことが十分に出来なかった」（中野　1978，108頁）ため，1977年には準備会を2回開いて学習方法を検討し，討論形式で行った。毎回録音して記録を作成して翌週参加者に配布，学級全体の学習記録は原稿用紙500頁近い原稿を順次送りあって加筆・修正，という力の入れようであった。

(3)　夏季市民講座

1974年の婦人学級（前述）の作文活動から生まれた共通の思いを基に，「戦争と平和を考える」をテーマとする夏季市民講座が生まれた。

第1期（1974～1978年度）には，毎年5～6回の講座が開かれた。1～2年目は講義，3～4年目は戦後の民主化の意味を討論して考察，5年目はその蓄積をもとに調査へと学習が発展した。ただし，新規参加の市民を受け入れるため，毎年の講座は独立したものとして開催していた。

第2期（1979～1983年度）には，毎年5～8回の講座が開かれた。6年目は第1期の記録を資料に，「夏季市民講座記録の会」が中心となって運営された。7年目はスライド上映，8年目は学ぶことと平和の関係，9年目は教育と平和に焦点化，10年目はまとめとふり返りへと深まっていった。

⑷ コミュニティスクール

コミュニティスクールは，武蔵野市のコミュニティ構想のスタートに合わせ，社会教育課がコミュニティのつくり方を考えるための学習機会として開設したものである。第1回（1972年度）は「コミュニティづくりについて」というテーマだった。1974年度からは，母と子の教室の修了生自主グループ（連絡協議会）を中心に，婦人学級，市民講座のグループ・参加者も加わって，自主講座として行われた。

コミュニティスクールは，社会と自分の課題を考えるようなテーマ（子育て，女性の生き方，法制度，地域社会など）を設定して，毎年開催された。とくに1979年度の講座（全8回）には，それまで社会教育の各種講座等で学んできた人々をはじめ多様な立場の市民が95名も参加した。社会教育の研究者の助言を受けながら，毎回のふり返りと次回の企画をくり返すことで，参加者の学び合いが深められた。

修了後には，この講座の中心となった「武蔵野市社会教育を考える会」（後述）と武蔵野市教育委員会の共編により，講座の記録『武蔵野でともに学び育ち生きること』（1980年，全128頁）が刊行された。学び合いをとおして市民として成長したことを自覚する学習者の声がたくさん収録されている。冊子の冒頭には，「私たちはともに地域のこと，子どものことを語り合うことから，お互いに多くのことを学び合いました。（中略）学んだことを日々の生活に返していくところが，このような社会教育の学習が，市民自治を担う市民への道ではないでしょうか」（1頁）と書かれている。この冊子は，社会教育行政が主体的な市民と市民自治を育む力をもっていることを実証するものである。コミュニティ政策から抑圧された社会教育行政が，実はコミュニティ政策を市民の学習によって下支えしていたといえる。

⑸ 福祉会館の果たした役割

以上のような諸事業を推進していた福祉会館は，次に述べる特徴をもっていた（夏季市民講座記録の会・武蔵野市教育委員会　1984，131頁）。ここに

コミュニティ政策と社会教育との関係 ｜ 43

は社会教育課が管理する部屋が二つあり，一つは保育室，もう一つは生活室（講座室）である。そこには保母二人と職員一人が常駐していた。職員は上記四つの学習事業を担当し，日々の仕事や市民との交流を通して市民の声を具体的に聞くことが可能な条件にあった。そして，学級や講座が相互的に結びついて開かれていたことが一つの特徴であった。母と子の教室の参加者は他の講座にも参加するなど，一人で複数の講座に参加するケースも多かった。

　生活室には職員が仕事をするための机があり，市民のための図書コーナーも置かれていた。生活室は学級・講座が開かれるとき以外も市民に開放されており，誰でも自由に出入りできたため，異なる学級・講座に参加する人々が出会い，交流した。たえず子育て中の母親が来ており，しかも大勢やってきて，新しい視点を投げかけていた。子どもを育てるために地域を良くしたい，といった問題意識が母親たちの中に浸透していた。福祉会館のため，高齢者との出会いも頻繁であった。

　このように，福祉会館の事業と場所が多様な人々の間をつなぎ，市民活動のネットワークを促していたのである。

(6)　武蔵野市社会教育を考える会

　行政とは独立した市民の活動の中にも，社会教育に関する市民活動が湧きおこった。1978年7月，社会教育で学んだ人たちや都立高校増設などの市民運動に取り組んでいた人たちが集まり，「武蔵野市社会教育を考える会」（以下「考える会」）が誕生したのである。前述1979年度のコミュニティスクールを企画・運営する中心ともなった。

　「考える会」のメンバーはここでの学習の成果を活かし，ゴミ問題，子ども白書づくり，あそぼう会，生協，食べものの活動と，さまざまな活動を広げていった。「その活動は重層的に広がり，また網の目のようにからまって」（伊藤　1987，60頁）いたのである。1980年代後半の武蔵野市における市民運動の調査を行った高田昭彦によれば，「考える会」をコアにしながら「『社会教育』のグループを中心に（中略）『平和・政治』，『地域・環境』，『婦

44　第Ⅰ部　地域づくり政策下の社会教育

人・女性』,『福祉・医療』のグループの一部の運動体が重なり合いながら,より大きな抗議のあるいは代案提示の中核グループを形成し,地域の子供グループと従来の婦人・女性グループがそれを支えて,一つの中心的な運動体群を形づくって」いたという（高田　1990, 242-243頁）。

(7)　市民自治に対する社会教育の役割

　以上のことから,コミュニティ政策に抑圧された社会教育行政が,実はコミュニティ政策を支える市民を育成していたことがわかる。

　ところで,前述の松下圭一によると,市民自治型の社会では,職員が大人を「オシエソダテル」ための社会教育行政は不用であり,従来の社会教育行政が担っていた役割は自立した市民文化活動が担うようになる（松下1986・2003）。このような松下の理論枠組みに依って立てば,「市民をオシエソダテル社会教育行政」と「行政と独立的に自由に行われる市民文化活動」のうち,どちらが正しいかということになる。

　しかし,当時の武蔵野市の社会教育行政は上記の二項対立的な枠組みには載らない。つまり,学習者の自立性を保障しつつも,学習効果の最大化のために支援するという役割を担っていたのである。社会教育で学び,市民運動に取り組んでいた市民の一人は「市民自治を行うという場合,（中略）集まれる場所があればよいとか,市民が自由にやればよいということで自治能力は高まるだろうか」（安藤　1980, 38頁）と批判的に述べている。

(8)　当時の社会教育の成果と要因

　当時の社会教育が挙げた成果を下記のように評価することができる。

　第1に,能動型学習の促進である。講義形式から討論形式や自主講座形式への発展,講座終了後の自主グループの結成とそのネットワーク化と自主的な学習活動などである。第2に市民活動の活性化である。講座で学んだ成果がさまざまな活動で活かされていた。第3に,高田の研究が示すとおり,そのような市民活動はネットワークを形成した。第4に,その結果として市民

自治への市民意識が高まり，結果的にコミュニティ政策が支えられていた。

　これらの成果が生まれた要因として考えられるのは，次の諸点である。第1にコーディネーターとしての職員，第2に学習と交流の拠点としての施設，第3に母親を支援する保育の仕組み，第4に市民の能動的学習を受け入れて効果的に支援できる講師，最後に学習の内容と方法である。学習内容については，生活課題・地域課題をテーマに据えたことで，市民としての意識が芽生えた。学習方法については学び合い，自主企画，記録作成など，自分たちで学習過程を生み出すノウハウを学べたことが大きい。

４．その後のコミュニティ政策と市民の学習

　以上に述べたことは，1970年前後からの約10年間に社会教育行政が挙げた成果である。このことが，その後のコミュニティ政策と社会教育との関係に対し，どのような影響を及ぼしているのだろうか。ここでは，市民によるコミセン活動（学習活動），コミュニティ政策，コミュニティ政策を包含する市民活動促進の計画という三つの側面からみてみよう。

⑴　コミセンにおける学習活動

　福祉会館の社会教育で学んだ市民たちは，それぞれ地域のコミセン活動に入り，地域を良くするための学習活動を展開した。ここでは特筆すべき活動を二つ取り上げる（日本女子大学人間社会学部生涯教育学研究室　2015）。

　一つは，吉祥寺東コミセン（通称：九浦の家）の取組みである。吉祥寺東コミュニティ協議会では，会則の前文に「さまざまな地域課題に取り組む」と明記するとともに，『吉祥寺東コミュニティ通信（九浦の家だより）』には毎号大きく「街づくりができるのは，そこで生活する私たちです。」と書かれている。このような背景から，吉祥寺東コミセンでは地域課題に関する学習の場として，「コミュニティのつどい」「アジアを知ろう」「私たちのまち企画」などを行ってきた。しかも，学習にとどまらず，実際に道路問題，私立学校移転跡地問題など，具体的な問題の解決行動にもつなげている。

もう一つは，けやきコミセンの取組みである。コミュニティづくりとまち
づくりを効果的に進めるため，いくつかの実験的プロジェクトと学びあいの
場を生み出してきた。前者では，「けやきまちづくり総合計画」と銘打っ
て，利用者の誘致による人の輪の拡大，多種類のまちづくり活動に取り組ん
だ。子どもの遊びの活性化，自然とのふれあい，健康支援など，多様な事業
の始動とその効果の確認，次に向けた課題の検討を行った。後者としては，
けやき学舎，しゃべり場，けやきの明日を考える会などを設けてきた。これ
らは，コミュニティづくりやまちづくりのあり方を学びあう場である。

　上記のことから，学習活動がコミュニティづくりを支えている様子がうか
がえる。その実体を維持すべく努力し続けているのは，福祉会館の社会教育
で学んだ市民とその後継者であり，コミュニティづくりに社会教育の機能を
埋め込むことの意義が浮き彫りとなっている。

⑵　コミュニティ政策に対する「学習」の組み込み

　次に，コミュニティ政策の流れをみると，コミュニティ構想の策定以降，
とくに社会教育との連携や市民の学習活動は重視されていなかった。社会教
育行政の側からも，1980年代以降はコミュニティ政策との関係で目立った事
業は行ってこなかった。そして2013～2014年度，地域におけるコミュニティ
のあり方を根本から考え，行政と全市民・市民団体でその理念を共有するた
め，「これからの地域コミュニティ検討委員会」が設置された。その委員会
の中間まとめにも，学習や社会教育との関係は書かれていなかった。

　しかし，中間まとめに対する市民ヒヤリングとパブリックコメントにおい
て，学習の重要性を強調する意見が次々と出てきた。その中心は，1970年代
に福祉会館の社会教育で学んだ市民とその後継者だったのである。彼女たち
は社会教育の経験から，コミュニティ活動を実りあるものにするためには
「学ぶ」ことが必須であることを知っていたのだ。

　その結果，最終の提言書（以下「提言」）には，「『学び』の場の確保」と
いう項目が入り，「（これからのコミュニティには）地域の課題を自ら解決し
たり，課題別の活動団体や行政と共に解決したりすることが求められます。

コミュニティ政策と社会教育との関係　47

（中略）これらを学ぶための学習の場は，（中略）行政としても計画的に講座やワークショップなどを企画」することが必要だと明記され，コミュニティ政策の推進における学習の重要性が初めて位置づいた。

　現在，「提言」をふまえてワークショップ型の学習講座「コミュニティ未来塾むさしの」（主催：武蔵野市，武蔵野市コミュニティ研究連絡会）が継続的に開催されている。主な目的はコミュニティづくりのためのコーディネート能力の養成であり，コミュニティ協議会で活動している市民のほか，コミュニティ協議会やコミセンに馴染みのなかった若い子育て世代，市役所職員（職員研修として位置づけられている）なども参加し，活発な学習活動が展開されている。この講座には，講義，演習，グループワークなどによって基礎知識の習得と参加者同士の学びあいが実現しており，修了後は受講者のネットワークが形成され，修了者が次期講座の企画に参加する仕組みも整っている。この講座の所管は市民活動推進課であり，社会教育行政は関係していない。しかし，実質的には社会教育の活動と言える。

⑶　市民活動政策における「学習」の位置づけ

　武蔵野市では，2007年の「武蔵野市NPO活動促進基本計画」の策定以降，従来のコミュニティ政策とは別に，NPO等の市民活動を促進してきた。この計画の刷新版に当たる「武蔵野市市民活動促進基本計画」（2012年，以下「基本計画」）にも，「市民活動と学びの関係」という項目があり，「より良い市民活動を実現するためには，様々な課題に対する学びが重要です。（中略）「学び」の側面にも配慮した施策・事業を実施していきます」と書かれている。実は，この「基本計画」にも中間まとめまで学習（学び）は入っていなかった。ところが，こちらも福祉会館の経験者が中間まとめに対して学習の意味を訴えたために入ることになったのである。

　その後，「武蔵野市市民活動促進基本計画改定計画」（2017年，以下「改訂基本計画」）が策定された。「改訂基本計画」では学習の重要性をさらに強調し，「市民活動団体の機能を高めるために，（中略）『参加と学び』の循環を生み出していくことが求められます」と指摘している。これに基づき，「改

訂基本計画」では三つの重点施策のうち一つが「市民活動に関する学びの機会の提供」となった。なお，同計画はコミュニティ政策も取り込み，コミュニティ政策が市民活動政策の一環として明確に位置づけられた。

おわりに

　以上でみてきたように，武蔵野市ではコミュニティ政策が社会教育行政の位置づけを弱めたものの，実際にはその社会教育行政が市民の学習の促進を通じてコミュニティ政策の実体化に寄与した。それは，能動的学習の促進，市民活動の活性化とネットワークの形成，市民自治意識の高揚という成果によるものであり，その要因となったのは職員，施設，保育，講師，学習の内容と方法である。「社会教育の終焉」論の舞台となった武蔵野市において，職員が松下圭一の二項対立的な枠組みを超越し，学習者の自立を保障する支援によってコミュニティ政策の基本である市民自治の実現に寄与した。

　そこでの学習者とその後継者が今も学習活動によってコミュニティづくりを支えており，コミュニティづくりに社会教育の機能を埋め込むことの重要性を示している。さらに，コミュニティ政策を含む市民活動政策に学習を組み込むことも実現した。そのため，「コミュニティ未来塾むさしの」には行政職員を含む多様な参加者が集まり，コミュニティづくりに関する学びあいが実践されており，ここに新しい社会教育の芽をみることができる。

　しかし，上記のコミュニティづくりを支える学習活動，市民活動政策に対する学習の組込みのいずれも，社会教育行政の枠外に位置づく。そのため，条例等による制度上の担保はなく，今後も継続できるかどうかわからない。福祉会館時代の「遺産」の効力が残っているうちに，コミュニティづくりに社会教育の機能を埋め込むような制度設計が必要ではないだろうか。

【参考文献】
安藤頌子　1980，「『市民参加』・コミュニティと社会教育―東京・武蔵野における社会教育運動の歩みから―」自治問題研究所『住民と自治』211号。
伊藤徳子　1987，「わがまちの社会教育：考えて，あゆんで―『終焉』の街・武蔵野社会

教育を考える会の実践―」『月刊社会教育』No.364，国土社。

江口節子　1975，「学習と学級の経過」武蔵野市婦人学級・武蔵野市教育委員会『働くことと女の歴史―私にとっての婦人問題―（1974年度婦人学級学習記録）』。

夏季市民講座記録の会・武蔵野市教育委員会　1979，『戦争と平和を考える〈戦争と武蔵野市―中島飛行機を中心に―〉（夏季市民講座の5年目に）』。

───　1984，『戦争と平和を考えるⅡ〈戦争と武蔵野市〉（夏季市民講座の10年）』。

第1期国分寺市公民館運営審議会答申　2017，『地域づくりを目指した公民館のあり方』。

高田昭彦　1990，「草の根市民運動のネットワーキング―武蔵野市の事例研究を中心に―」社会運動論研究会（代表　曽良中清司）『社会運動論の統合をめざして―理論と分析』成文堂。

東京大学大学院教育学研究科社会教育学・生涯学習論研究室　2011，『開かれた自立性の構築と公民館の役割―飯田市を事例として―』。

中野陸奥子　1978，「婦人学級と記録のいきさつ」武蔵野市婦人学級・武蔵野市教育委員会『女が働くことをめぐって（1977年度婦人学級学習記録）』

日本女子大学人間社会学部生涯教育学研究室　2015，『「学び」からみた武蔵野市のコミュニティセンター』。

松下圭一　1986，『社会教育の終焉』筑摩書房。

───　1999，『自治体は変わるか』岩波書店。

───　2003，『社会教育の終焉〈新版〉』公人の友社。

武蔵野市教育委員会　1977，『母と子の教室―10周年を記念して―』。

「学校を核とした地域づくり」と
社会教育の関係性における検討

柴田彩千子

はじめに

　少子高齢化，人口減少，そして核家族世帯だけでなく単身世帯の増加が進む現在の日本の地域社会では，「孤育て」や「独居高齢者問題」という用語が生み出されるほどに，住民間あるいは家族間の交流や共助の関係性の希薄化にともなう問題が横たわっている。

　地域社会とは，その内実がこのように時代とともに変容しても，そこに住まう人々にとっての生活の場であることには変わりなく，いつの時代にも豊かな子育てや子育ちの環境をつくるために，住民同士が手を携える関係性の構築が求められる。こうした住民間の関係性を構築する上で，地域の次代を担う子どものための地域づくりの取組みは，日常において子どもと直接的な関わりを有さない住民の賛同をも得やすく，多くの住民を結集させる可能性を秘めたものである。

　そこで本稿は，「学校を核とした地域づくり」の取組みに着目し，東京都多摩地域の三つの自治体におけるコミュニティ・スクールの動向と社会教育との関係性について考察する。この三つの地域とは，公民館の設置されていない八王子市の新興住宅地，公民館活動が地域づくりの要をなす国分寺市，伝統的な公民館活動が存する一方でコミュニティ・スクールは設置されていない小金井市である。さらに，これからコミュニティ・スクールの設置に向

けて始動しようとする小金井市に焦点を当て，社会教育の活動に携わる住民（社会教育委員や公民館活動に取り組む市民団体）が，それぞれの活動の実践過程で，地域の子ども支援および学校支援の意義や方向性を，どのように地域づくりの側面から捉えているかを明らかにしたうえで，いかにそれを地域に具現化しようとしているかを分析し，現在の「学校を核とした地域づくり」が抱える問題点を検討する。

1．「学校を核とした地域づくり」を支える社会教育への期待

⑴　学校を核とした地域づくり〜スクール・コミュニティ〜の課題

　「学校を核とした地域づくり」を意味する用語「スクール・コミュニティ」は，従来から地域と学校の連携を語る際に多用されてきたものの，公的文書に登場したのは，教育再生実行会議の第6次提言（2015年3月）の「3．教育がエンジンとなって地方創生を」においてである。この提言の中でスクール・コミュニティは，次のように定義される。住民が「地域を担う子供を育て，生きがい，誇りを育む」営為を通じて，学校支援にとどまらない地域づくりへの取組みである。こうした取組みとは，たとえば千葉県習志野市立秋津小学校の秋津コミュニティ，神奈川県横浜市立東山田中学校のコミュニティハウスの事例のように，地域の学校を拠点とした住民の社会教育の活動と子ども支援の活動が，相互に補完しながら行われるものである。

　一方，2017年3月に社会教育法が改正され，各教育委員会には地域の実情や特色に即した地域学校協働活動の推進が求められるようになった。この地域学校協働活動とは，「従来の学校支援地域本部，放課後子供教室等の活動を基盤に，地域学校協働本部を全ての学校に整備し，地域全体で学び合い未来を担う子供たちの成長を支える活動」である[1]。実際に多くの教育委員会では，学校教育部局ではなく，社会教育（生涯学習）部局がこの「地域学校協働活動」を所管していることから，現在の公的社会教育には，学校と地域を結ぶ役割が一層求められている。

　しかしながら，地域の中で両者を繋ぐ仕組みをいかに構築するかという課

題は，当該地域の公的社会教育の実態や両者の関係性の内実によって，地域ごとに異なる様相を呈しており，一緒くたには捉え難い。以下では，東京都多摩地域の3自治体の両者の関係性について取り上げる。

(2) コミュニティ・スクール（学校運営協議会制度）における学校と社会教育の関係性

①新興住宅地における「学校を核とした地域づくり」～八王子市の事例～

人口約57万，108校の小中学校を有する八王子市では，全校に学校運営協議会が設置されている。市内には公民館類似施設として生涯学習センターが3館設置されており，公民館は設置されていない。

多摩ニュータウンに立地する松木中学校，松木小学校，長池小学校の三校合同のコミュニティ・スクールの取組みでは，学校運営協議会での議論の中に，地域の現状を見直したり，地域での暮らしとは何かという地域づくりにおける根源的な問いを語りあったりする場が見受けられる[2]。例えば，この学区域は新興住宅地のため伝統的な祭りがない地域であったところ，子育ちの環境づくりのために地域コミュニティの連帯や活性化が不可欠な要素であるとの合意を図り，学校運営協議会の発案によって地域をあげた祭り「浄瑠璃祭り」が毎年開催されている。また，地域の子ども，保護者，住民，教職員等が学校に集い，地域について自由に語りあう「松木カフェ」を開催している[3]。

このような実践のプロセスは，従来公民館が担ってきた地域の共同学習の一部を代替するものとみなされる。定期的に実施される学校運営協議会では，地域の子どもの育ちをめぐって多様な観点からの話しあいが繰り広げられ，その中から上述の取組みをはじめ，漢字検定や学習支援教室の開催，登下校の見守り等が地域学校協働活動として実施されている。また，学校運営協議会の委員が他校の取組みを視察研修に出かけたり，逆に他地域からの視察を受け入れ，研修機会を提供したり，教育委員会が実施する学校支援ボランティア対象の研修への参加等，ノンフォーマルな学習機会も内包される。新来住者によって形成される新興住宅地では，住民の連帯性を地域に構築することが困難であるものの，学校運営協議会のメンバーに地域の多様な層の

住民を巻き込み，子どもや学校の支援を第一義的な目的に展開する地域学校協働活動のプロセスにおいて，副次的に培われる住民同士の連帯性や，それを契機とした地域の祭り等の住民主体の地域イベントがうまれるような学校を核とした地域づくりの実態を，本事例からみてとることができる[4]。

　ただし，市内の新興住宅地の全ての学校で，こうした実践が展開されているわけではない。本事例のように，学校運営協議会が地域づくりにおいて機動性を発揮することのできた要因の一つとして，メンバーに地域コミュニティや福祉について精通する研究者や教育委員経験者等がおり，彼らが協議会において学習支援者としての役割を無意図的に果たしていることが挙げられる。その上での多様な住民層を交えた学校運営協議会での議論の積み上げが，地域の共同学習の実践として機能しているものと捉えられる。

②公民館と学校を核とした地域と学校の連携〜国分寺市の事例〜

　人口約12万の国分寺市には五つの中学校区があり，各中学校区に公民館が設置されている。そもそも国分寺市の公民館は，1963年に「市民の学習・文化活動の拠点」として，住民側から行政側（旧国分寺町）に対して設立を要求し誕生した経緯を有する[5]。

　2002年3月には，当時の公民館運営審議会の呼びかけに応じて各公民館を拠点とした「地域会議」の取組みがスタートしている。この地域会議とは，地域の小中学校長，ＰＴＡ，児童館や公民館関係者（職員や公民館運営サポート会議[6]），図書館，消防署，商店会や町内会，民生児童委員，社会福祉協議会等，多くの地域団体が集まり，情報共有を行う協議体である。この地域会議から学校と地域が連携した異世代交流事業や，学校の周年記念行事を祝う取組み等が生まれている[7]。さらに，地域会議の発足した年と同じ2002年4月から全面実施された学習指導要領により，学校週5日制がスタートし，「総合的な学習の時間」が導入されたことにともない，公民館では子どもの居場所づくりや学校との連携機能を一層重視した事業に取り組んでいる。たとえば，国分寺市本多公民館は，異世代交流事業のほかにも小中学生の学習サポート事業，中学生の総合学習の取組みと公民館講座を一体化した「中学生に習うパソコン教室」（会場は学校のパソコン室），囲碁サークルに

よる学校支援等を実施している。

コミュニティ・スクールについては市内には現在3校設置されており，公民館長が各学校運営協議会の委員を兼任している。それ以外にも，上述の地域会議や公民館サポート会議等をはじめ，学校と公民館との人事交流の仕組みが整備されているため，公民館が地域の多様な団体と学校の橋渡しを行うことが可能となり，公民館と学校双方での子どもと住民の学びの交流の機会が創出される。つまり国分寺市の場合，公民館が両者の支えあいの仕組みを構築する上での役割を担い，多世代の住民の学習をテーマとしたコミュニティ形成が，学校と公民館を核として行われている。

③コミュニティ・スクール設置に向けた社会教育の動向～小金井市の事例～

国分寺市と隣接する小金井市は，人口は約12万，市内に公民館が5館ある。1953年に公民館が設置されて以来，各館には公募市民から編成される公民館企画実行委員会が公民館条例を根拠として設置されている。この組織は，公民館の行う各種事業の専門的な事項の調査研究や企画運営を行うものである。小金井市も国分寺市と同様に，公民館企画実行委員会を中心として各館の活動は活発であるものの，社会教育と学校教育との連携の側面では，小金井市は地域性に即した連携の方法とは何かを模索している段階だといえる。市内の小中学校には，コミュニティ・スクールは設置されておらず，2019年度から学校運営協議会の設置に向けた研究が，市内の研究指定校においてスタートしたところである。

その一方，市の社会教育委員会では，2014年度から子ども支援をとおした地域づくりを研修のテーマに据え，コミュニティ・スクールや学校支援地域本部[8]の先進事例の視察研修[9]，および小金井市の地域性に応じたコミュニティ・スクールの在り方についての協議を重ね，2019年5月に「小金井市での地域学校協働の実現に向けて（提言）」を教育長に提出した。そこで示された方向性とは，「①子どもを中心に様々な地域の力を結集して，地域の協働推進を図る。②地域と学校の協働活動が持続可能にするために，継続的な組織づくりをする。③地域学校協働が成人教育の場となることから，本活動を拠点とした地域のコミュニティづくりに発展させる」というものであ

る[10]。この提言書にみられるように，小金井市では社会教育に携わる住民側から，地域学校協働活動を推進する地域学校協働本部の設置と，大人と子どもの学びあう地域づくりの実現化に向けた方向性が示されている。

２．社会教育の実践者としての住民が考える「子ども支援および学校支援」と「地域づくり」〜東京都小金井市における社会教育の実践活動の分析〜

⑴　学校を核とした地域づくりの実践の動向における分析の視点

　以上，八王子市，国分寺市，小金井市の事例を取り上げてきた。学校を核とした地域づくりの手法は，当該地域の実情に即した方法で，地域の特性を活かしつつ，当事者がそのスタイルをつくりあげていくものである。以下では，現在まさに住民が当該地域に相応しいスタイルで学校を核とした地域づくりの実践を始めようとする小金井市に焦点を当て，社会教育の活動に携わる住民が，地域の子ども支援や学校支援の意義や方向性を，いかに地域づくりの側面から捉えているかを明らかにした上で，それをどのように地域に具現化しようとしているかを分析する。

　具体的には，社会教育委員の議長Ｏ氏と副議長Ｈ氏（両者ともに公募市民）との私的な意見交換会において，上述の提言書を作成するに至る考えをヒヤリングすることと[11]，市内の公民館を拠点として活動する市民組織「公民館のあすを考える会」の研修会を参与観察し，公民館と学校（子ども）支援の在り方をテーマとした議論についての分析[12]を行うことにより，社会教育に携わる市民の「地域で育てたい子ども像」「学校を核とした地域づくりの担い手像」「学校および子ども支援」についての考えを明らかにする。

⑵　社会教育に携わる住民による学校（子ども）支援のあり方に関する議論
①地域で育てたい子ども像

　学校を核とした地域づくりに取組むことによって，地域で育てたい子ども

56　｜　第Ⅰ部　地域づくり政策下の社会教育

像について，O氏は次のように語る。「子どもの頃から市民感を養うと，選挙になったら投票に行こうってなるわけじゃないですか。だからシティズンシップ的な意識，色々な大人とも話せるし政策にも関われるし。そういうことができるような地域づくりがわかってもらえれば（中略）。そういう市民性みたいなものを培っていけるっていうのがすごい大目標ですけど。何十年かかる（中略）。それがこの最終的なこと（目標）じゃないかと」。他方，H氏は次のように捉えている。「もともと公民館とか図書館とか作った時は，そういう自律的な市民を作ろうっていうテーマがあったんだけど，今の日本をみると，自分の生まれた所から出ちゃうんですよね。だから（生まれた地域に）全然市民意識がないわけですよね。で帰ってくるかっていうと全然帰ってこない。このままじゃ結局大都市に人口が集中しちゃって，地域がなくなっちゃう。その歯止めに，このコミュニティ・スクールの活動があると思うんですよね」。O氏もH氏も，この取組みをとおして，子どもの中に地域づくりの主体となる市民意識を培いたいという考えを有している。

　ただし，両者ともに活動の第一義的な目的は，あくまでも地域づくりではなく「子どもの育ち」であることを強調する。O氏は「地域のコミュニティづくりが主目的になっちゃうと，逆転しちゃうかなっていう気がしますね。（中略）子どもが（中心に）あって皆が子どものためにやるっていうところだと，同じ方向を向けるんじゃないか」と語る。H氏も「大人の教育をしっかりやっていれば，結果として子どもの教育になるんだよって考え方も成り立つことは成り立つんですよね。（中略）その経験をした子どもが大人になった時に，地域のために何かやろうかっていうふうになるかもしれないですもんね」と発言していることから，生まれ育った地域と異なる地域で生活する住民の多い状況下で，子どもの育ちを第一義的な目標に据え，地域住民の方向性を示した取組みを行う過程を重視する。さらには，こうした活動の主体となる大人の背を見て育つ子どもの内面に，地域づくりの担い手としての意識を培うことを，最終的な目標としていることがわかった。

②学校を核とした地域づくりの担い手像

　地域づくりの担い手となる住民および地域の団体像について，長寿社会の

「学校を核とした地域づくり」と社会教育の関係性における検討

日本ではアクティブ・シニアの活躍が期待される。このことについて，H氏は次のように語る。「僕はあんまりシニアに頼るのは良いのかなと。というのは，現役のPTAの若いお父さんの親父クラブ。（中略）もしかするとそれの方が，勿論それだけじゃ難しいけど，あまりシニアに拘らずにいろんな世代のお父さんが関わるっていうのが良いのかな。だから（小金井市では）アクティブ・シニアをあまり強調しない方がいいのかな。つまり，若いお父さんが加わることで，働き方改革とか，ワークライフバランスとか，そっちに繋がっていくと思うんですよ」。

　他方，O氏はこの担い手像について，「老若男女，市民全部みたいな感じですよね。その中のアクティブ・シニア（中略），皆に関わってもらうっていう。（中略）ただPTAはお母さんたちがメイン，お父さんってあんまりいないと思う。でも，三鷹のコミュニティ・スクールの委員ってすごいお父さんが入っているんですよ。（中略）小金井はお母さんたちが主流になっているので，もっとお父さんも関わってもらいたい」と語る。両者ともに，全ての世代の住民層，とりわけ子育て世代の男性の参加を期待していた。

　しかしながら，時間的な制約の多い現役世代を地域づくりに巻き込むことは，容易ではない。このことについてO氏は，「貫井北（公民館）では青少年の事業にも力を入れていて，（中略）子育て中の人たちに向けてもやっているんですけど，（中略）公民館でも，そういった人材発掘じゃないですけど，子育て中の人に向けた研修，講座みたいなのをやって，地域の学校活動とか放課後活動とかそういうことも」と，地域の公民館における現役世代を対象とした講座と学校支援活動をつなげる必要性を語る。

　続けてO氏は，「小金井にも子育て子育ち支援ネットワーク協議会があるんですよ。それに私も関わっていて，50団体位入っているんです。それぞれ活動していて（主に）就学前の人達をターゲットにした活動をやっているんです。やっている人たちって自分の子どもは大きいんですよね。だから，学校の活動なんかもきっかけがあれば関わってもらえる人たちが本当にいるんですよね」と，地域の子育て支援団体との連携の可能性を指摘する。

　さらに，O氏は「例えば，小学校や公民館で子育て中の人もお父さんたちもシニアの人たちも皆で集まって何かやろうよ，という大交流会みたいな

58　第Ⅰ部　地域づくり政策下の社会教育

のを一回やってもいいんじゃないですかね」と語る。これについて H 氏も「そういう気楽に参加できるのを 1 回やった上で地域学校協働活動が始まって，いろいろなメンバーが参加するのがいいですね」と語り，本取組みを始めるに際して，住民同士の交流会を実施することが必要だと考える。

③公民館で活動する人々による学校（子ども）支援に向けた考え

　次に，市民組織「公民館のあすを考える会」が主催する研修会で実施されたブレーンストーミングで，地域の子ども（学校）と参加者自身との繋がりについて議論された内容を取り上げる。本組織は地域の公民館活動を中心的に担う市民，たとえば歴代の公民館企画実行委員，公民館運営審議会委員，社会教育委員，社会教育関係団体のメンバー等によって構成される。

　上述の議論を，「地域の子どもや学校の現状認識」と「公民館・図書館と学校との連携の下に実施したいこと」の二つの視点から整理すると，下記のとおりである。

　前者の意見として，「子どもや学校のために何かやりたいものの，学校現場の様子についての情報がないため，何をどのようにしてよいのかわからない」や「子どもが何に関心を寄せているかわからない」という意見が多数だされた。その一方で，「我々は公民館に来る子どもに話しかけにくいが，子ども間のトラブルがある時には職員さんが間に入り，子どもは職員さんの言うことは聞くようだ」という意見が出され，公民館利用者の住民と子どもの間を公民館職員がつなぐことの可能性が示唆された。

　その一方で，子どもと恒常的に接する機会を有する者の発言は，次のとおりである。「囲碁の会」のメンバーは，「公民館で毎週土曜に13年間活動を継続する中で，そこに毎回参加する子どもが高齢者と活動することで，自然に挨拶や敬語等の礼儀を身に着けている」と語る。また，小学校の通学路で見守り活動を行う者は，「自発的に町会から毎朝 2 名ずつ見守り活動を行っている。始めて10年以上となるが，グループで登校する子ども，一人で登校する子ども等，子どもの身近な生活の様子がよくわかる」と語る。

　子どもと接する機会のある者もない者も，共通した意見として挙げていたのは，「子どもが元気な地域は活気がある。子どもを主体とした活動をして

みたい。しかし、学校現場の中の様子は全くわからない」というものであった。

　後者の意見としては、「放課後子ども教室を、学校や児童館だけでなく公民館でできればいい」「プログラミングの活動をしており、現在子どもを対象とした体験会を行っているが、新しい学習指導要領にもプログラミングが取り上げられているので学校支援に活かしたい」「市の文化連盟に携わっているが、そこには海外生活を経験したシニアが多く、そこから得られた知恵や情報を子どもに還元できればいい」「小学生の活動で綿を育てているが、そこで活動する子どもが綿について図書館に調べに来るので図書館とも連携できればいい」等である。このように、実際に公民館で活動する人々から出される学校（子ども）支援の取組みに向けたアイディアは、地域学校協働活動を展開させるに際して、示唆に富むものばかりである。

３．地域と学校の協働関係の構築と社会教育の果たす役割

⑴ 「子どもと大人の学びあう地域づくり」の実現に向けて

　社会教育に携わる人々が、現状において子どもと大人が学びあう地域づくりの取組みをどのように地域に具現化しようとしているかを整理したものが、図１である。

　現状では社会教育委員の会議から、地域学校協働活動の実現化を教育委員会に提言したところであり、市民組織「公民館のあすを考える会」においても学校（子ども）との連携の在り方が議論されているところである。両者の意見交流は、市民組織メンバーによる社会教育委員の会議への市民公募委員の選出、市民組織メンバーによる会議の傍聴を踏まえた議論の展開や研修の企画、社会教育委員が市民組織の企画する研修へ参加すること等によって行われている。

　社会教育委員による提言書に掲載されている「子どもと大人の学びあう地域づくり」の実現を図るための前提として明らかとなったことは、次の二点である。一つには、子どものシティズンシップの涵養をはじめとする「子ど

もの育ち」を第一義的な目標に据えていることである。二つには，提言書には前述のとおり，「地域学校協働活動が成人教育の場となることから，本活動を拠点とした地域のコミュニティづくりに発展させる」ことが提言されており，この取組みの主体者として，幅広い層の住民層，とりわけ子どもの保護者世代の住民の参画を想定していることである。

　小金井市の社会教育委員による提言では，この両者の協働関係を構築するために，本取組みを幅広い層の住民の学習の場とすることで，より多くの住民の結節点となるような機能を有したコミュニティ形成の機会となることを企図している点が，特徴的である。こうした提言書の方向性は，学校と地域の関係性を，一方向的な支援および被支援の関係性として捉えるのではなく，協働関係とすることを重視した国の施策の方向性と合致するものである。

　しかしながら，この施策が提示するように，両者の関係性を「支援」から「協働」に昇華させることは，活動当事者間の意識変革や，両者をコーディネートする地域学校協働活動推進員の配置だけでは実現が極めて困難であり，この点が本施策の脆弱な部分であると言える。以下では，本施策の抱える問題点を乗り越えるために必要な要素を，検討する。

⑵　小金井市の事例において社会教育に求められる役割

　小金井市の事例において，子どもと大人の学びあう地域づくりの実現に向けて，社会教育に求められる課題を本稿の分析結果を踏まえ三点挙げる。

　一点目は，住民の学びのニーズを「地域の子ども支援」の側面から把握することである。そのためには，たとえば「公民館のあすを考える会」で実施されたグループワークであげられた学校（子ども）と地域との連携に向けた多数のアイディアを基に，公民館の企画実行委員や公民館職員が講座やイベント等の学びの機会を企画し，その場が「地域づくりの実践のための知」を醸成する学びの機会となるような取組みが，求められるのではないか。さらに，その場への参加者が授業支援や放課後子ども教室等の支援に参入しやすい契機を，地域学校協働本部を通じて創出することも必要である。二点目

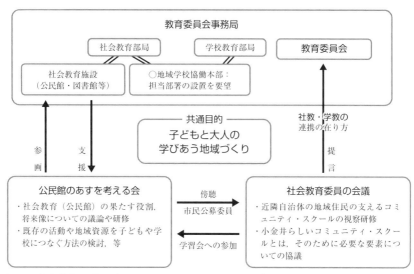

図1　小金井市の「子どもと大人の学びあう地域づくり」に向けた取組みの現状

は，地域に約50団体存在する子育て支援団体と，公民館で活動する子ども支援や地域づくりに関わる団体をつなげる仕組みを整備することである。三点目は，住民に対して，学校教育現場の情報を積極的に提供することである。住民が子どもを対象とした活動や学校支援の活動を始めるに際して，子どもや学校現場の様子を知る手立てがないために，このような活動を行うことを躊躇する公民館利用者の存在が明らかとなった。こうした住民に対して，学校現場の様子，たとえば学校運営協議会制度や地域学校協働活動の概要や，子ども理解に必要な情報等を提供する機会を，地域の身近な学習施設である公民館等が設定することである。

(3) 地域と学校の協働関係の構築のために社会教育に求められる役割

公民館の設置されていない八王子市の松木地区の場合は，上述のとおり，地域福祉や地域の教育事情に精通した学校運営協議会のメンバーが，本協議会の議論の中で学習支援者としての役割を無意図的に果たし，その積み重ね

により地域に祭りが創出されたり，多様な事業が展開されたりしていた。これは，本協議会が地域の共同学習の場として機能しているものと捉えられる。他方，公民館が核となる地域づくりを進める国分寺市では，公民館職員の支援の下で地域会議や公民館サポート会議等，学校関係者と地域住民間の交流の仕組みが整備されており，そこでの協議から多世代の住民の学習をテーマとした学習事業がうまれ，学校と公民館双方で実施されている。

　両者に共通する点として，場所は異なるものの，多様な住民が集う議論の場が保障されていることが挙げられる。参加者同士が地域の課題を洗い出し共有し，その解決に向けて自分たちに実現可能な方法を考える議論の場が原動力となって，さまざまな取組みが実践されている。このような取組みを一つ一つ実行していく営為は，「地域づくりの実践のための知」を収斂する学びの機会として捉えられる。学校を核とした地域づくりに関わる住民が，こうした学びの機会を有することは，単に住民による学校への支援関係ではない，協働関係を構築するために必要不可欠な要素である。

おわりに

　「学校を核とした地域づくり」を展開していく上で，単に次代を担う人的資源としての子どもを支援するための取組みではなく，子どもと大人の学びあう地域づくりを目指すためには，地域学校協働活動推進員の配置だけに頼るのではなく，多様な住民による議論の場をつくり，それをサポートする学習支援者の存在が求められる。この学習支援者に求められる役割とは，学校支援を既に行っているボランティア意識の高い住民を，地域学校協働活動にコーディネートするだけではない。この学習支援者は，地域づくりに少しでも関心を寄せる住民に対して働きかけることのできる立場にあり，こうした住民の地域づくりへの当事者意識の深化を促すような役割を担う者であることが求められる。具体的には，地域学校協働活動を所掌する公的社会教育が担う役割として，公民館をはじめとする社会教育施設や地域の学校で，住民が「地域づくりの実践のための知」を収斂する機会をつくり，地域づくりへの当事者意識を深化させるプロセスを支える人材である。

今後の課題として，こうした人材の育成を検討する機会と，その実現性についてさらに吟味を行う必要性を認識している。

【註】
1）文部科学省生涯学習政策局社会教育課「平成29年度学校を核とした地域力強化プランの概算要求に係るブロック説明会資料」p.5。
2）三校合同学校運営協議会の参与観察（2018年2月21日実施）による。
3）松木中学校長へのヒヤリング（2018年7月13日実施）および松木中学校学校運営協議会長へのヒヤリング（2019年1月17日）による。
4）柴田彩千子「八王子市のコミュニティ・スクール」佐藤晴雄編著『コミュニティ・スクールの全貌』風間書房，2018年，pp.248-253。
5）その後，公民館の設置を要求する活動は市民要求によって発展し，現在，各中学校区に本多公民館，恋ヶ窪公民館，光公民館，もとまち公民館，並木公民館の5館が並列の地区独立館として設置され，いち早く保育室が完備された。現在，本多公民館では712の学習サークルが利用し，地域の障がい者支援活動団体（NPO）が館内の食堂を運営している（2018年7月13日，本多公民館館長へのヒヤリングによる）。
6）公民館運営サポート会議は，2015年から各館に設置された。その目的は「国分寺市公民館における各種事業の推進を図り，特色ある地域づくりの実現に向けて協議すること」である。
7）詳細は，第1期国分寺市公民館運営審議会答申「地域づくりを目指した公民館のあり方」（2017年5月23日）を参照。
8）学校支援地域本部とは学校支援ボランティアを組織化し，学校に必要な支援を住民等が行えるように2008年度から実施された国の事業である。現在では，学校支援ボランティアが一方的に支援を行うのではなく，学校との連携や協働の機能を重視しつつ，学校を拠点とした緩やかなネットワークを構築していくことを目指す地域学校協働本部に名称を変更する事例が多い。例えば，東京都では学校支援地域本部事業の名称を2018年度から地域学校協働推進事業に変更している（東京都生涯学習審議会「地域と学校の協働を推進する方策について」2019年2月，p.5）。
9）2014年度から杉並区立向陽中学校，国分寺市立第七小学校等，5校の視察研修を実施している。
10）小金井市社会教育委員の会議「小金井市での地域学校協働の実現に向けて（提言）」2019年5月，p.3。

11）筆者も社会教育委員の一人として正副議長との私的な打合せの場に参加し，参与観察
におけるヒヤリングを行った（2019年3月28日実施）。

12）公民館本館・市民がつくる自主講座「公民館の今後をみんなで考えよう」（企画運営
「公民館のあすを考える会」）のグループ討議の参与観察を行った（2019年2月26日実
施）。

「地域づくり」と大学生涯学習

――「大学地域連携」政策の批判的検討――

村田 和子

1．「地域づくり」と大学をめぐる政策動向

　今日の大学は，18歳人口の減少，少子・超高齢社会，「Society5.0」（超スマート社会）等を背景に高等教育研究機関として従来の学術的研究及び青年期学生への教育の機能に加えて，地域の核となる大学COC（Center of Community）としての機能と役割が求められている。こうした中で，大学の地域貢献，大学地域連携は，近年の高等教育政策においても重要テーマとなってきた。

　「大学改革実行プラン」（2012）の一環で施策化されたCOC「地（知）の拠点整備事業」（2013）やその後展開したCOC＋（プラス）「地（知）の拠点大学による地方創生事業」（2015）を例に特徴をみてみよう。これらは，大学運営交付金を削減する一方で，新たな競争的資金の導入で大学間を競わせ，日本経済団体連合会（経団連）も強く要請する大学の「機能別分化」の促進，「地域貢献」（この場合，産学連携）に水路づける推進策となってきている。COC事業の後継となったCOC＋に至っては，「地方創生」の名のもとに，新たな雇用の創出と若者（学生）の地元定着を図る指標としてKPI（key performance indicator）[1]が義務づけられ，事業評価（大学評価）につなげる経済・労働政策の性格が強められた。これらはまた，教育研究組織の再編を迫るものとなっている。さらに，文部省（当時）の省令によって設置

が進められてきた国立大学の「生涯学習センター」は，地域連携等に一元化された組織への再編，統合（実質的廃止）が図られ，解体化が進行している。国家的要請による「大学改革」が進められる中で，大学は，教育・研究に続く第三の使命といわれる社会貢献も含めて，その内容と方法とともに，本来の在り方が問われているのである。そこで本稿では，上述の政策動向を踏まえて，地域づくりと大学生涯学習に関する課題を，二つの論点から検討することを目的とする。

第一に，地域・自治体並びに地方国立大学それぞれの存在根拠が脆弱化する中で，「地域貢献」と「生涯学習」[2]をキーワードとした大学と地域の「協働システムを解明」するために，大学と地域づくりを規定した法制度，高等教育政策をレビューする。今日「大学と地域連携」は大学の社会貢献の主要テーマであるが，その際，大学と地域の連携は，両者が理念や目的を共有し，信頼関係を育みつつ，相互承認していくプロセスが連携の内実であると考えられる。本稿で述べる大学生涯学習については，定まった定義はない。そこで，本稿では，「大学が地域と共に学びあい，課題と解決の方向を共有し，行動するプロセス及び仕組み」とする。つまり，「公開講座」のような大学・研究者の研究成果の地域への還元や一方的な発信ではなく，地域住民自身が地域の「再生」「再建」の主体を形成することへの貢献の内実とする。

第二に，地方国立大学に生涯学習の専門施設として設置されてきた生涯学習センターの40年の歴史を踏まえ，地域連携の現状と課題を明らかにし，大学生涯学習の現代的意義について考察する。

２．大学と地域，生涯学習との関連と実践構造分析

⑴　法制度，大学政策の変遷

「大学と地域」をテーマとする問題が法制度としてどのように位置づけられ，今日に至っているのかについての変遷を概観してみたい。

大学と地域は，第二次世界大戦後の新制国立大学が，「一府県一大学」の原則のもとに設置されて以来，基本的に重要な問題であった。それらは，明

らかに大学そのもの，大学生涯学習の在り方を既定するものともなってきた。

　学校教育法（1947年）では，「大学においては，公開講座の施設を設けることができる」（第六十九条）とし，続く社会教育法（1949年）では，「文化講座は成人の一般教養に関し，専門講座は，成人の専門的学術知識に関し，夏期講座は，夏期休暇中，成人の一般的教養または専門的学術知識に関し，それぞれ大学，高等専門学校又は高等学校において開設する」（第四十八条）と規定した。

　1964（昭和39）年には社会教育審議会答申「大学開放の促進について」が出され，国立大学に予算措置された公開講座が開講されるようになった。答申には，公開講座の拡充強化だけではなく，大学分教室の設置促進，地域振興への協力活動といったことがすでに記されている。

　高度経済成長期に入ると，産業界の要請を背景に，臨時教育審議会（臨教審），中央教育審議会（中教審），大学審議会による答申が続き，「開かれた大学」が文教政策にも位置づけられるようになった。

　その後，1990年の中教審答申「生涯学習の基盤整備について」では，大学の生涯学習センターの開設について謳われた。2005年の中教審答申「我が国の高等教育の将来像」において，地域の生涯学習の拠点として大学が明確に位置付けられ，大学の社会貢献は教育・研究に並ぶ第三の使命と定義された。翌2006年教育基本法が改正され，法によって初めて大学の社会貢献が明確化されて以来，地域社会との連携という文脈で，大学の社会貢献に関する政策的な舵は切られてきた。これは，「学校・家庭・地域の相互の連携，協力について」を謳う同法第十三条，その後の学校支援地域本部事業や今日の「地域学校協働」という位相とも関連するものである。

　一方，高等教育政策として2012年の「大学改革実行プラン」では，大学の機能別分化の推進を図るべく地域再生の核となる大学の社会貢献（Center of Community）が掲げられ，①地域と大学の連携強化，②大学の生涯学習機能の強化，③地域雇用の創造・課題解決への貢献等が提示され，翌2013年度予算において「地（知）の拠点整備事業」（ＣＯＣ事業）が組まれた。カリキュラム改革等を通じて全学的に取組む事業のねらいは，地域貢献を謳う

68　第Ⅰ部　地域づくり政策下の社会教育

大学教育改革であった。COC事業は，2015年には，COC＋（プラス事業）として再編され，プラスとして，短大・高専を含む参加大学は全都道府県に及んだが，拠点の42大学の多くは，地方国立大学であった[3]。この事業は，すでに申請段階で地方での若者の定着率や，地方での就業率の達成数値目標の設定が必須であり，単年度ごとにKPIによってその成果が求められるものである。グローバリゼーションの展開と軌を一に，「機能別分化」という大学類型の棲み分けが行われ，特定の類型を「選択」した地方国立大学の多くは，COCプラスという地方創生政策の一端を大学の地域貢献という「使命」と一体化させながら進めていくことになった。

　2018（平成30）年11月中教審答申「2040年に向けた高等教育のグランドデザイン」では，2040年高齢化がピークに達するとされる人口・社会保障問題を射程に，高等教育の新たな役割として，リカレント教育，日本の高等教育の国際展開，地方創生において地域を支える人材の育成を要請している。加えて，18歳人口の減少をふまえた大学の規模や地域配置が検討され，地域の国公私大学が，地方自治体，産業界を巻き込んで，将来像の議論や連携，交流の企画を行う恒常的な体制として，「地域連携プラットフォーム」の構築が謳われている。さらに，国立大学においては，法人複数大学制度（いわゆる「アンブレラ方式」），すなわち，国公私の枠を超えた連携を可能とする「大学等連携推進法人制度」の創設が提言されるといった，大学そのものの再編が進められている[4]。後述するようにCOC事業においては，大学の生涯学習センターの関与や参画はあったものの，あくまでも生涯学習は周縁であった。プラス（＋）においては組織として関与しているところは，和歌山大学における地域活性化総合センターにみられるように，生涯学習センターを「生涯学習・リカレント教育室」と組織を縮小し，教員にダブルミッションを与えるという再編化を伴って推移しているのである。以上のように，各種の答申，「大学改革プラン」，機能別分化を水路づける「ミッションの再定義」が，大学と地域の関係についても言及し，生涯学習や専門施設としてのセンターの位置づけはもとより，大学の運営を規定するものとなり，学術・研究そのものに深刻な影響を及ぼしている[5]。つまり，大学において市場原理が席巻し，教育，研究につづく第三の使命といわれる社会貢献，大学生涯

学習は，現実の「経営実態」（財政，人員の縮減）に直面して，かつて大学の生涯学習の拠点として設置され，地域づくりを担う人の育ちに貢献してきた大学生涯学習センターの再編・統合にみられるように，大学生涯学習推進の基盤を弱体化させている。

　一方では，地域，市民社会に支えられなければ大学の存続も発展もないという考えに立てば，疲弊する地域の再生という地域づくりにおいて，リカレント教育や地域を担う人材の育成にいかに大学が応えうるか，さらに大学が真に地域と向き合い，協働し，社会貢献の本質をつかみ取っていく好機と捉えることができ，上記のセンターで培った経験や知見を大学と地域の関係構築に活かせるかという実践的な研究課題を生むこととなる。

⑵　「構造改革期」以降の大学と地域，生涯学習に関する先行研究

　大学と地域の関係の歴史的転移を 7 期に区分し， 7 期に当たる1990年代から21世紀を「構造改革期」と理論化した姉崎洋一の研究がある[6]。本節では，姉崎の理論を援用しつつ，構造改革期以降において，大学と地域，生涯学習はどのように論じられてきたのかについての先行研究を概観しておく。

　1990年代の後半には，臨調行革下における国家戦略としての生涯学習への期待が高まる中，本学会からは，年報第42集『高等教育と生涯学習』（1998）が刊行されている。この中で，高橋満は，当時（1990年代後半）進められていた臨調行革路線下における社会・国家改造戦略としての性格を有するものとして，現段階（1997年当時）における特徴を以下の 4 点とし，政・官・労・使・学に一定支持され，進められていることを指摘している。①大学にとって外在的・偶発的な機能（公開講座型）から，構造的・制度的に埋め込まれつつ（センター設置），②やがて大学固有の機能として（社会人入学など）が推進されつつある。③それは，転換期の社会構造改革と関わる教育改革・大学改革の一環として進められてきている。④この政策が狭義の教育政策としてだけでなくて，経済政策・社会政策・労働市場政策としての政策を有する。

　さらに2000年代に入り，大学生涯学習，大学の在り方を研究する視角を提

示した研究としては，猪山勝利（2002），木村純（2002）[7]がある。近年の研究では，上杉孝實，香川正弘らの『大学はコミュニティの知の拠点となれるか』（2016年）にみられるように，大学開放論としての見地からの研究が進められてきている。

３．大学生涯学習の現代的意義―全国国立大学生涯学習センター系協議会を事例に―

⑴ 『40年のあゆみ』の編纂

全国国立大学生涯学習系センター研究協議会（以下，協議会）は，「生涯学習の教育と研究のためのセンター」として国立学校設置施行規則に定められた文教政策のもとで，1991年の宇都宮大学をはじまりに地方国立大学を中心に設置された「生涯学習系センター」（以下，センター）で構成されている。センターは，2003年度にはもっとも多い全国27大学で設置されたが，2004年の国立大学法人化（以下，独法化）に伴って，施行規則が廃止されて以降，新規組織の立ち上げはなく，今日まで縮小・再編・解体が続いている。

協議会が加盟大学を対象に毎年実施している「承合事項」結果を分析すると，改組動向として，90年代は，全学共同施設としての単独での設置であったものが，独法化を境に組織改組が進められている。さらに，改組は，第一期中期目標期間の後半になると統合・再編といった形で進み，2010年からの第2期中期計画期間には一層加速した。特に，COCやCOC＋といった政策も改編を後押しした[8]。

年に一回開催される研究協議会が，自覚的に自らの組織の存在を問うのは，『生涯学習推進と大学の役割について』（1997年）の発刊に至る協議である。その後も，高等教育機関としての大学にふさわしい〈公開講座〉の実施について」（2005年），「生涯学習事業の意義の再検討」（2006年及び2007年），「大学における生涯学習事業の意義から考えるセンターの将来展望」（2008年）といったように研究・協議された。

2005年の協議会開催時，和歌山大学生涯学習教育研究センター長であった

「地域づくり」と大学生涯学習

山本健慈（後に和歌山大学長）が，「高等教育機関の役割は，その課題について単なる研究成果を出すことではなく，その解決の方向をともに探り，その過程で地域・市民自体が解決主体として形成されていく過程への貢献（すなわち，『生涯学習』の内容，方法の開発と実施）であると考えてきました。本センターを基点に『地域』と『大学』が結ばれ，『大学』が『地域』に参加していくことです」[9]と述べているように，大学生涯学習と地域との関係を模索し，探究する実践は「一定」進展した。しかし，2012年以降は，生涯学習に係る協議主題のキーワードは「地域課題解決」が主流になっていく。これは，COC 事業の政策展開とリンクしている。

　さらに，「国立大学改革プラン」（2013年）で大学の機能別分化が高等教育政策の重要施策として位置づけられ，大学間競争が高まっている中で，2019年4月現在，生涯学習を冠した単独センター設置は一大学のみ（弘前大学）である。センターの主目的も地域連携，産学連携にシフトした再編，改組されている動向がみられ，体制も，必ずしも教育学を専門としない教員配置，かつ，人数の削減及び専任体制から兼任体制となっている。こうした中で協議会において，単一大学を越えた協議会というネットワーク化の意義を再定義し，再構築していく課題を共有し，内省的な問いから編纂されたのが協議会『40年のあゆみ』である[10]。40年のあゆみの作成・編集プロセスを通して，単一の大学を越えた協議会というネットワーク化を生かし，大学生涯学習と地域との関連を歴史的に検証，総括し，その成果を学内外に発信していくことは，今後の大学と地域の関係構築においても示唆を与えるものであり，意義あることと考えられ，協議会の共同研究として進められたのである。

⑵　「センター」と自治体・地域生涯学習との連携事業の実際と特色

　和歌山大学センターが，協議会加盟大学への承合事項として行った調査（2016年）によると，特色ある事業として回答のあった35事業は，下記に記すように，概ね七つに類型化することができる[11]。

①社会教育・生涯学習関連職員の養成と学びなおしを含めた継続教育への参画

　従来の社会教育主事講習の実施に留まらず，講習後のフォローアップ研修やネットワーク構築を目的とするものにも取組まれている。対象としては，非正規職等の研修機会の乏しい層への働きかけに特徴を有するもの，プログラムの企画案段階からの参画を進めることによって，間接的に地域の社会教育活動を活性化することを意図したもの（宇都宮大学，金沢大学等）がある。開催場所も大学集客型ではなく，自治体・地域に出向いたアウトリーチ型やサテライト利用といった工夫がこらされている。

②地域課題解決に向けたプログラム，公共人材の養成，企業の人材育成プログラムの開発と実施（履修証明プログラム含む）。

　例えば，静岡大学では，これまでの公開講座や市民開放授業等の大学開放を前身として，2012年度から学生・教職員が地域社会と協働で取組む地域活性化活動を支援する「地域連携応援プロジェクト」が実施されてきた。2013年度からは新展開として，これまで大学との接点がない地域から広く課題を公募する「地域課題解決支援プロジェクト」を立ち上げている。注目点は，大学と地域をつなぐ地域側のコーディネート役として，社会教育主事講習受講後の自治体社会教育主事が役割を果たしていることである。

③COC事業，COC＋事業，学生教育と結びついた事業

　センター組織強化・改組を伴って，事業に直接コミットメントできる仕組みにしている（茨城大学，鳥取大学，高知大学，琉球大学）。COC事業やCOCの推進にセンターがどのように関与しているのか，あるいは，COC事業の推進がどのような影響がセンターに及ぼされているのかに関しては，センター内での守備領域（人材養成）が明確化してきている傾向が伺える。

　例えば，琉球大学では，センターの教員3名が中心となり，とくに，離島の子どもたちとの離島支援プロジェクト，看護教員のための体系的，継続的な研修制度設計の構築をめざした「看護教員の学びなおし講座」が実施されている。高知大学では，地域連携推進センターが実質的な推進エンジンを担い，県内7か所に設置する大学サテライトオフィスを併設した産業振興推進

本部に大学コーディネーター（研究職）を常駐させ，同時に常駐する高知県地域産業振興監とともに，地域に入り込み，地域と向かう体制を構築している。

④学校との連携，学生自主活動支援

センター教員が地域と異領域の研究者・学生を結びつけ，次世代（高校生や大学生）を市民社会の形成者として育てる取組みを進めている（弘前大学，和歌山大学）。

⑤自治体のコンサルタント，計画づくりへの参画事業

従来の受託研究やコンサルタント業務を越えて，大学と地域のパートナーシップ構築を探求するあり方として独自の手法が開発されている。金沢大学（金沢大学社会教育研究振興会），香川大学（生涯学習政策アドバイザー制度），和歌山大学（地域シンポジウム，職員研修といったコミュニティ・エンパワメントの促進を図る自治体生涯学習推進計画の作成）等。

⑥自治体と連携して地域住民の学びを支援する事業

北海道大学，北海道教育大学，福島大学，金沢大学。

⑦その他

大学間連携事業や，大学コンソーシアムによる市民企画講座支援，地域と大学をつなぐコーディネーターのためのセミナー（和歌山大学）。

以上の事業推進における大学側のコーディネーターは，専任教員が多く，総じて，学習機会の提供にとどまらずに，独自の手法や仕組みを開発しながら実施していることが看取できる。また，課題としては，予算確保，遠隔地であることによる調整，教員の事務負担増，学外広報の拡充，自治体・地域の理解の促進が挙げられている。

第Ⅰ部　地域づくり政策下の社会教育

⑶　地域貢献拠点の展開

　次に，大学生涯学習の地域展開について，「地域貢献の拠点」に着目して考察する。

　金沢大学では，COC事業による支援を受け，石川県及び県内8市町村との連携により「教育」「研究」「社会貢献」が進められてきた。既に2000年に金沢市内にサテライト・プラザを設置し，生涯学習の拠点としての活用を図ってきたが，2014年には，珠洲市，小松市に学校舎の活用といった自治体からの場所の提供を受けたサテライトを設置し，新たな「学びの機会の場」，遠隔地教育システムを導入し，市民に公開講座等を受講できる体制を整えている。

　和歌山大学では，2005年に紀南サテライト（現，南紀熊野サテライト），2006年には，岸和田市（大阪府）との包括協定に基づいて岸和田市に岸和田サテライトを設置し，地域連携コーディネーター（以下，大学CD）を配置している。

　高等教育政策としてはじまったCOC事業の採択によって，新たな地域戦略拠点としてのサテライト設置や地域拠点を有する大学も生まれている。これらの中には，香川大学のように瀬戸内に6か所のサテライトを設けて学生教育と地域貢献をともに探究する大学もある。香川大学の場合，サテライトは大学独自の設置ではなく，自治体との連携に基づく場所の提供なども含まれている。

　しかし，一方では，こうした政策プロジェクト予算は3年〜5年の財源確保で充当されており，単年度ごとのKPIに基づく成果が求められるものであること，終了後の事業の継続に伴う予算の確保，仕組みの確立において，大学の「自立」が求められる制度設計になっている。継続性，持続性の担保に課題があることは承知の上で，資金の活用を図るという大学にとって，地域連携による資金の確保も課題となっている。

「地域づくり」と大学生涯学習　75

⑷ 大学と地域を結ぶ「大学CD」

　次に，大学が地域社会に向き合うために，インターフェースにはどのような機能が存在し，その機能をどのような仕組みとして構築していくことが求められるのか。ここで重要な役割を果たしているのが，大学と地域をつなぐ大学コーディネーター（以下，「大学CD」）の存在と役割である。大学の参画が求められる地域の課題は，時に対立的・論争的であり，地域社会にあっても複雑化・高度化している。そこで，橋渡し役，調整役として期待される大学CDには，固有の役割が期待されるからである。

　現在，国公私立を問わず，大学において地域と大学を結ぶ上で重要な役割を果たす地域連携コーディネーターを配置する動向が顕著であり，COC＋などの政策がその動きを加速させたと考えられる。

　他方で，大学にはすでに多種のコーディネーターが存在しており，その多くは任期付の処遇にある人たちである。資格化はなく，専門教育や訓練の機会はない。文字通り現場で力量を磨き，専門性を培う。技術の習得は，キャリアパスによって実現されている場合も少なくない。大学運営上重要な役割を果たすキーパーソンでありながら，制度は未成熟である。すなわち，高等教育研究にとっても重要な研究課題である。

　和歌山大学では，大学に配置されるコーディネーターの力量形成と公私立を超えたネットワーク構築のための「地域と大学を繋ぐコーディネーターのためのセミナー」（2012年度～）を主催している。セミナーには，国公私を越えた現場の大学CDが全国から集い，情報交換に留まらない研修機会を創出し，その成果を『大学地域研究』としてまとめ，上記の研究課題の探求につなげている。

　こうしたことから看取できることは，政策を背景としつつも，各大学の特色を活かし，大学と地域の連携における理念や方針の明確化，窓口となるセクション・拠点のありよう，地域課題の把握の方法と大学の物的・人的資源の提供などの連携手法の開発が進められていることである。今後は，連携の「評価」（評価主体，内容，方法）も課題となっている。

　大学としての役割を発揮しながら地域との連携を深めていくという地域連

携の根幹は，関耕平（島根大学）が指摘するように，地域の批判的判断の習得が保障されるという方向性を有することが求められる。関は，「地域づくりの主体として，合意形成能力といった政治的力量を住民自身が身につけていく，そのために大学は社会教育や学生教育を通じて『批判的判断の習得』が可能な社会的条件を作りだしていくことが求められる」と述べている[12]。大学と地域の連携は，学問の批判的自由や大学の自治との関係においては緊張関係をはらむものであることにも大学は，自覚的であらねばならない。

４．まとめ

　以上，大学地域連携政策を批判的に検討しつつ，二つの論点から考察してきた。最後に大学生涯学習と地域づくりに関する課題について述べたい。

　第一に，大学そのものが生涯学習機関となる道筋を明らかにすることである。90年から2000年代初頭に進んだセンターの設置の段階を「センター段階」とすれば，これからは，大学そのものが，生涯学習センターになっていく「大学生涯学習化」の時代であると考える。それは，18歳対応型のみの大学ではなく，文字通り社会人を視野に入れた全世代型へのシフトを意味するが，その実現化に向けてのプロセスは，単純ではない。その論理や正当性を内外に指示し，国民的な合意形成につなげていくことである。その実現のプロセスは地域社会に責任をもつことのできる安定的な学内体制が必要であり，ガバナンスが重要であることは言うまでもない。

　第二に，センター系協議会40年のあゆみから明らかになったことは，今日の組織再編の進行もさることながら，各センターには共通の使命や特徴，実績があるという事実であり，とりわけ90年代後半から大学生涯学習の在り方を内省的に問い，その在り方が研究され，実践されてきているという事実である。それは，学内外の調整窓口機能を担ってきたことである。加えて，仕事の仕方や意思決定の仕組みが異なる教員と職員が両者の関係を組み合わせ，活かしあうことや，自治体，NPO等の市民との学び合いを通じた地域連携の経験において蓄積と連携のノウハウを有してきていることである。これらは大学にとって貴重な資産であり，大学の生涯学習化において大学は，

「地域づくり」と大学生涯学習

その活用をはかることが重要である。協議会は，大学改革と大学開放・社会貢献の交差する位置[13]にあって，常に自らの組織の存在意義，大学生涯学習の在り方そのものを問う実践的組織として推移してきた。とするならば，今後の課題はこうした経験知をどのようにして，大学改革すなわち，大学生涯学習化に活かせるのかという点にある。

　第三に，地域の生涯学習に参画してきたセンターの経験知の内実を検証するとともに，その英知を地域の社会教育，コミュニティ・エンパワメントに活かすことである。協議会は，有するネットワーク機能を発揮し，個々の大学の事例，評価の手法の検討に学び，その実証化を一層促進していくことが求められる。つまり，地域の人たちがどのように学び，そこでどのように変容，成長していくのか，地域がどうなることが大学の社会貢献なのかについての検証作業と論理的な解明が課題となる。それは，既存の学問や知見を提供するといった次元の公開講座ではなく，また，大学が開設するフォーマルな授業形態とも異なるものであり，地域のオーダーメード型の学習ニーズに大学がどのように向き合い，地域と共に学ぶのかといった方向性を有することが重要である。

【註】

1）KPI（key performance indicator）の略で，企業目標の達成度を評価するための主要業績評価指標のことをいう。今日の行政，大学評価でも多用されている。

2）本論でいう「生涯学習」とは，1965年ユネスコの生涯教育の定義，OECD のリカレント教育，日本の中教審答申等に謳われた概念や自治体 NPO 等で実施している生涯学習事業を対象として用いている。

3）知の拠点大学による地方創生事業（COC＋）の事業採択大学及び進捗状況については，日本学術振興会が情報公開している。

4）中央教育審議会答申「2040年に向けた高等教育のグランドデザイン」平成30年11月26日 http://www.mext.go.jp/b_menu/chukyo/chukyo0/toushin/1411360.html。
　　一般社団法人日本経済団体連合会「今後のわが国の大学改革のあり方に関する提言」2018年 6 月19日 http://www.keidanren.or.jp/policy/2018/051.html。

5）梶田隆章（東京大学宇宙線研究所所長），白川英樹（筑波大学名誉教授），広渡清吾

（日本学術会議元会長）ら51人の大学人が呼びかけ人となって，大学が直面する危機を克服するための道を探り，行動することをめざす「大学の危機をのりこえ，明日を拓くフォーラム」（略称「大学フォーラム」）が立ち上げられている。

6 ）姉崎洋一『高等継続教育の現代的展開』北海道大学大学院教育学研究院，2008年，p175。

7 ）猪山勝利「大学生涯学習研究の現代的視角」長崎大学教育学研究科紀要第62号，2002年。木村純「生涯学習における大学の役割」北海道大学教育学研究科紀要第85号，2002年。

8 ）阿部耕哉作成による「国立大学生涯学習センターの変遷と改組状況」『全国国立大学生涯学習系センター研究協議会40年のあゆみ』2018年 9 月。

9 ）「全国国立大学生涯学習系センター研究協議会」（2005年11月25日，和歌山大学会場校（於：和歌山県白浜）における総会あいさつ資料

10）『全国国立大学生涯学習系センター研究協議会40年のあゆみ』，全国国立大学生涯学習系センター研究協議会，2018年 9 月，編集及び通史の執筆は，阿部耕哉（静岡大学），佐々木英和（宇都宮大学），村田和子（和歌山大学），山本珠美（香川大学）が担当した。

11）調査は，協議会の「承合事項」として実施し，分析は著者（村田）が行った。

12）関耕平「地方大学における地域貢献と地域づくり」『住民と自治』，2017年 1 月号。

13）佐々木英和「草創期」『全国国立大学生涯学習系センター研究協議会40年のあゆみ』全国国立大学生涯学習系センター研究協議会，2018年 9 月。

第Ⅱ部

**周縁から生まれる
地域社会教育**

高知県における地域社会教育の展望

～「集落活動センター」の設置をめぐる地域学習の契機～

内田 純一

はじめに

　日本社会教育学会では，2007年度から２年間のプロジェクト研究「自治体改革と社会教育再編」を実施し，その成果を『自治体改革と社会教育ガバナンス』（東洋館出版社，2009年）にまとめている。市町村合併や地方分権政策下の自治体改革に伴う社会教育・生涯学習分野の再編動向と，「未定立ではある」としながらも，そのもとでの社会教育ガバナンス（多様なアクターによる社会教育の民主主義的な共同統治）の新たな可能性を探求している。

　執筆者の一人である松田武雄は，日本の社会教育の歴史的特質を踏まえた上で，「狭域社会教育を拠り所とする社会教育ガバナンスの公共性を担保しつつ，多様なアクターが参画して成り立たせるような仕組みづくりを考える必要がある」とし，「補完性原理」とその第一次的意味としての「接近性の原理」が有効な参照原理になるとの仮説から，「近接的な学びの場であり，熟議を通じて地域に民主主義を実現する場である社会教育が，個人の自己実現とともに，このような公共空間の創出に寄与をする可能性はある」と述べている[1]。

　「平成の大合併」から10余年が経過する。上記プロジェクト研究が提起した方向性は今日その重要性を増してきていると思われる。とはいえ，市町村合併を推進してきた側さえもが「平成の大合併は失敗だった」と言わざるを

82　　第Ⅱ部　周縁から生まれる地域社会教育

得ないほどに[2]，地方，とりわけ周辺部農山村の地域経済，地域社会の疲弊・衰退は著しく，その意味では，社会教育行政や公民館活動等の既定の枠組みをどう再編していくかという以上に，枠組みそのものが崩れている中で，地域において何を拠り所にして社会教育そのものを再構築・再創造していくかが問われていると言える。またこうしたアプローチが，前述プロジェクト研究が示した意義や方向性をより現代的なものにすると思われる[3]。

　本稿は，地域における既存の社会教育条件がますます脆弱化状態になっている高知県にあって，地方創生政策の一環として打ち出された「集落活動センター」の設置に着目し，この拠点での営みが地域の学習基盤の再生にどのようになり得るのか，その視点と方法を検討して，高知県における今後の地域社会教育の展望を考察することを目的とする。

　最初に，平成年間における高知県の自治体社会教育条件等の変化を考察する。そこでは量的な後退のみならず，社会教育の役割の変化に着目して，地域社会教育再構築の視点を確認する。次いで，「集落活動センター」での取組みが住民の学習的要素を多く備えていることを確認するとともに，このセンターが，高知県が進める『産業振興計画』の地域拠点に位置付けられていることから生じる住民の矛盾や葛藤の中に地域学習の契機を見いだす。そして最後に，「集落活動センター」での矛盾や葛藤の具体を踏まえながら，高知県における地域学習を組織する営みとしての地域社会教育の価値と方向性を提示してみたい。

1．高知県における自治体社会教育条件の現状

　高知県における「平成の大合併」は，2004年10月の伊野町，吾北村，本川村の合併によるいの町の誕生から2008年1月における春野町の高知市への合併まで10地域29市町村，全体としての基礎自治体数は53（9市25町19村）から34（11市17町6村）へと推移している。2018年における県全体の老年人口（65歳以上）の割合は34.2%（全国都道府県中2位），年少人口（15歳未満）11.2%（全国44位），生産年齢人口（15-64歳）54.5%（全国45位），総人口は71万3688人（全国45位）となっている。文字通り少子高齢化の先進県である

とともに，名目県内総生産額46位，県民所得37位，財政力指数0.27（全国46位）と総じて厳しいと言われる状態が続いている[4]。こうした中で，自治体社会教育の条件はどのように変化してきたのか。

表1は，平成年間における高知県内の公立公民館数・社会教育主事数等を表したものである。公民館に関しては，1990年に市町村設置率90.6%であったものが2018年段階で67.6%（市100%，町52.9%，村50%）となり，町立公民館に関して言えば，静岡，東京についで低い率となっている。また1990年からの公民館減少率が15.5%であるのに対し，専任公民館職員数に関しては，37.5%に及んでいる。非常勤公民館職員数についても自治体合併の影響からか2008年にいったん増加するものの，再び減少に転じている。さらに市町村の社会教育主事配置に関しては，1990年段階で46名であったものが2015年には19名となっている。2018年には26名となり増加傾向に見えるが，高知県生涯学習課の報告によると実際に発令をされている者は2名（本山町と越知町）とのことであった。このように基礎自治体の公民館数や社会教育主事等の数値をみるだけでも高知県における社会教育条件は，急速に悪化してき

表1　高知県における公民館数・社会教育主事数等の変化

	1990 （H2）	1993 （H5）	1996 （H8）	1999 （H11）	2005 （H17）	2008 （H20）	2015 （H27）	2018 （H30）
自治体数	53	53	53	53	45	34	34	34
公民館数	238	230	228	221	212	203	201	201
公民館設置率	90.6%	88.6%	88.6%	84.9%	82.2%	70.6%	67.6%	67.6%
専任公民館職員数	88	66	69	64	52	51	58	55
非常勤公民館職員数	246	253	250	247	247	263	253	250
社会教育主事数	46	33	35	25	41	19	19	26
小学校数	336	334	329	325	312	298	243	233
中学校数	142	141	140	137	133	130	122	120
学校支援地域本部	—	—	—	—	—	40	86	242

※文部科学省指定統計及び高知県教育委員会資料より作成

84 ｜ 第Ⅱ部　周縁から生まれる地域社会教育

ていることがわかる。

　一方で表１には2008年度から始まった「学校支援地域本部事業」の県内本部数を記載したが，近年大幅に設置数が増加してきており2018年段階で242校（実施校率82.9％）となっている。この背景には2017年度の『第２期高知県教育振興基本計画』で示された「厳しい環境にある子どもたちへの支援」における学校と地域の連携・協働の促進という後押しがある。とはいえ，前掲『自治体改革と社会教育ガバナンス』において上野景三が述べているように[5]，2006年『改正教育育基本法』以降，社会教育の役割が「家庭教育」の「代位」であり，学校教育を「補足」する地域社会の代表者に位置づけられる傾向がみられ，高知県においても，地域から社会教育の条件が後退を続ける一方で，社会教育そのものの役割が上述どおりの変化をしてきていると言える。確かにこの変化は「学校を核とした地域づくり」への可能性を残すものだとも言えるが，表１に示した学校数の変化を見ても，平成年間で小学校が100校以上（この10年間では65校，21.8％）地域から姿を消しており，公民館同様に学校もまた地域住民から遠ざかっているのが実態である[6]。

　こうした状態の中で，2012年度からの高知県社会教育委員の会議では，地域（とりわけ中山間地域）における社会教育環境後退の危機意識を共有しながら，県内各地で点在する実践を横につなげてそれぞれの活動を学び合う機会としての「社会教育実践交流会」の実施を提言し，2015年から予算化，実現されてきている。３年間の参加者数は197名，218名，281名と増加傾向にあるものの，自治体職員や中山間地域からの参加は低迷傾向にあり，また実践報告においても「子ども支援」や「学校・家庭との連携・協働」の事例紹介が多くなっている。ここからは，実践交流会での論議をどのように地域における社会教育の再構築に結びつけていくことができるか。「代位」や「補足」としての実践を，それらに参加した一人ひとりが自らの日常を対象化し再構成し合いながら新たな価値を生み出す地域づくりへと向かう教育実践としてどのように再構築していくことができるかが大きな課題となっている[7]。以下にその糸口を地方創生政策の一環として打ち出された「集落活動センター」設置の中に見出していきたい。

２．集落活動センターと地域社会教育の再構成

⑴　仕組みづくりの拠点としての集落活動センター

　高知県では「中山間地域で一定の収入を得ながら，安心して住み続けることができる仕組みづくり」をめざし，「産業をつくる」と「生活を守る」を二つの柱とした「中山間地域生活支援総合施策」を実施してきた。「集落活動センター」は，その中核拠点であり「地域住民が主体となって，旧小学校や集会所等を拠点に，地域外の人材等を活用しながら，近隣の集落との連携を図り，生活，福祉，産業，防災などの活動について，それぞれの地域の課題やニーズに応じて総合的に地域ぐるみで取組む仕組み」とされる。所管は，高知県中山間振興・交通部中山間対策課であり，2012年からの当初計画では10年で130か所を見込んでいたが，2019年5月現在で29市町村52か所となっている。県では設置目標を80か所に下方修正するとともに，まずは34基礎自治体全てに一つは設置することを目指しているという[8]。

　活動内容としては，集落調査から見えてきた要望や課題をもとに，生活支援（食料品，ガソリン等の店舗経営，移動販売，宅配サービス，移動支援），安心安全サポート，健康づくり，防災活動，鳥獣被害対策，観光交流・定住サポート，農林水産物の生産・販売，特産品づくり・販売，エネルギー資源の活用などが想定されているが，具体的には各地域の自主的判断に委ねられている。そのため，設立に当たっては，地域企画支援員[9]や高知ふるさと応援隊（地域おこし協力隊）事業の協力を得ながら住民座談会やワークショップといった取組みを通じて地域ビジョンを作成するとともに，集落総会などでの住民合意を必要とし，それらを踏まえた運営組織や活動計画を作成することが条件となっている。

　高知県からの財政的支援としては，市町村（補助率1/2）を通じての集落活動センター推進事業費補助金がある。その内容は，初期投資に係るハード及びソフト整備事業（1か所あたり最大1000万円を3年間）や人材導入活用事業（1人当たり年125万円），加えて経済活動の拡充や新たな事業展開に

必要な経費（１か所あたり最大年500万円）や基幹ビジネス確立支援事業費
（１か所あたり最大1,000万円）がある。一つの集落活動センターに対する県
の支援は基本的に３年間を限度としており，その後は自立が求められる。さ
らにその他の支援として，集落活動センターの現状分析から新規事業の立ち
上げや既存事業の拡充検討などセンターの自律的な運営を強化することを目
的とした「うちんくのビジネス塾」やセンターの関係者や立ち上げ準備地区
の住民，市町村職員等を対象にした研修会，地域おこし協力隊や地域おこし
活動に携わる人材確保とそのネットワーク化を目指したセミナーなどが開催
されている[10]。

　ところで高知県で過疎・高齢化問題に取組む田中きよむらは，2014年段階
で５市町村（本山町汗見川，四万十町大宮，香南市西川，土佐町石原，檮原
町松原）の集落活動センターを分析し，おおよそ次のように評している[11]。

　「いずれも，地域の課題解決や活性化をミッションとする住民自治組織活
動が根付いていたという下地があり，それを牽引するリーダーの存在があっ
た。発足と前後して，リーダーを支える『地域おこし協力隊』や『集落支援
員』，住民スタッフなどの人材育成がおこなわれている。そして，地域の課
題を住民が自分たちの問題として受け止め，解決方法を考えるワークショッ
プが地道におこなわれている。計画の策定・実行・評価・改善のプロセスと
同様の民主的な手続きが，住民の主体的な地域づくりへと意識改革・転換を
促す重要な機会となっている。しかもそれが狭義の福祉活動にとどまらず，
仕事おこしや地域づくりにつながることによって，より広範な住民の関心と
参加を引きつけ，前向きな変化をもたらしている。」

　ここには，活発な住民自治組織の存在やそれを牽引するリーダー，支援す
るスタッフとその養成，ワークショップの実施，計画づくり，広範な住民の
関心と参加など，社会教育の役割や方法とも多分に重なる様子を見て取るこ
とができる。公民館をはじめ地域の学習拠点が住民から遠ざかっていく状態
にあって，集落活動センターを高知県の地域社会教育を展開する機会として
位置づけていく意義と可能性が感じられる。しかしながら，それだけでは，
地域社会教育を再構築することにはならない。

高知県における地域社会教育の展望　87

⑵ 「住民の生活領域としての地域」と「資本の活動領域としての地域」

　高知県の集落活動センターは「地域の課題やニーズに応じて総合的に地域ぐるみで取組む仕組み」ではあるが，経済活動の拡充や基幹ビジネスの確立といった県による財政支援の内容や項目からもわかるように，高知県が進める産業振興計画の一環として強く位置づけられている。

　高知県では2007年11月に知事に就任した尾崎正直県政のもと，疲弊する高知県経済再生の総合プランとして「地産外商」を核とした『高知県産業振興計画』を作成実施してきた。現在第三期（2016〜2019年）が進行中であるが，第二期（2012〜2015）の当初段階から集落活動センターも産業振興の一環として位置づけられ，次のような三層構造の政策群によりその発展が期待されている。第一層が地産外商を核とした産業成長戦略（291施策）である。ここでは，観光，農業，林業・木材産業，水産業といった分野ごとの基幹クラスター戦略が示される。第二層は，その産業成長戦略や地域からの発案を具体化していくための地域アクションプラン（236事業）である。ここでは，県内七つの広域を設定し，雇用創出や所得向上を目指す取組が指標や目標値とともに示されている。そして第三層が集落活動センターである。ここでは「地産外商」や地域アクションプランの実際的担い手として，小さなビジネスを拡大し中山間の暮らしを支える産業づくり機能としてその活用が期待されている[12]。

　岡田知弘は，地域づくりを「地域社会を意識的に再生産する活動」として捉え，その活動主体は「住民の生活領域としての地域」と「資本の活動領域としての地域」の二重性に規定され，どちらが主導して国家や地方自治体の行財政のあり方を方向付けるかによって，地域づくりの内容もまた大きく異なるとしている[13]。岡田の理解に従えば，前述の三層構造のうち一層と二層は主として「資本の活動領域としての地域」であり，集落活動センターとしての第三層は「住民の生活領域としての地域」と「資本の活動領域としての地域」の両者が交じり合い，時に対立する場であると言える。筆者自身の集落活動センター運営者への聞き取り調査からも，例えば「若い世代の住民は郊外の大型量販店で買いものをして，集落活動センターが運営する商店を利

88　｜　第Ⅱ部　周縁から生まれる地域社会教育

用しない」[14]「活動が個々ばらばらで一部の人たちだけで担ってしまっており，集落全体で情報や利益を共有する場を作り直したい」[15]「商品開発はプロでも難しい。住民の日常生活の延長線上での集落活動センターの意味や取組みを考えたい」[16]「学校がなくなる課題と集落活動センターの取組みが結びついていない」[17]といった発言がみられる。ここには「資本の活動領域としての地域」と「住民の生活領域としての地域」との矛盾・葛藤を感じ得ている運営者の姿がある。

　宮崎隆志は，佐藤一子編著『地域学習の創造』（東京大学出版会，2004年）の知見を手掛かりに，地域学習論の基本的構図を描いている。そこでは，人々の暮らしの場を資本の場として定義することにより，暮らしの基盤を喪失するという，存在論的な矛盾を含んだ「諸個人・暮らし・コミュニティ」として地域学習論の分析単位を捉え，矛盾を内包するこの統一体を読み解き，その矛盾を解決することを通して人々の存在基盤を回復していく学習を「地域学習」と定めている。そして，近代知を相対化し，その有限性を指摘できる「暮らしの中で紡ぎだされてきた言葉」（生活の中の知）の発見とともに，それを地域の矛盾を把握し転換する知として生成する媒介項としての「方向性の知」の形成が不可欠であり，それはまた正義とも不可分であるが，批判の自己言及的構造としてのダブルバインドの解決過程で生じる総体性認識を基盤にもつとする[18]。ここからは，第三層に位置づく集落活動センターにおける矛盾や葛藤を紐解いていく学習の中から自己も含めた地域の総体性認識のあり方を問い直し，人々の存在基盤，尊厳を回復していく第二層，第一層そして第三層をあらためてつくり出していくところに地域学習の意義と方向性がある。

3．集落活動センター「みやの里」（西土佐大宮地域振興協議会）

　四万十市西土佐大宮地域は，高知県西部に位置し，四万十市中心部までもおよそ50キロ離れた中山間地域である。三集落からなり2018年4月1日現在で129世帯255人，老年人口割合52.5%，農家戸数40戸（専業農家16戸）。

　集落活動センター「みやの里」は2013年5月に発足した。露地野菜のナ

ス，シシトウ，ナバナのほかに，県内でも良質の米と言われてきた「大宮米」をブランド化し，米と野菜をパックとした「ふるさと便」の販売に取り組むなど地産外商を推進してきている。

「みやの里」発足には，住民出資による株式会社大宮産業の存在がある。大宮地域では2004年12月にJA高知はた大宮出張所（生活日用品店とガソリンスタンド）の廃止案が浮上。署名活動や農協利用運動などの住民による存続運動をするも廃止が決定される。中心メンバーがお詫びと報告を兼ね集落をまわる中で「生活に困るから，同じような形で継続する方法を考えてもらいたい」との声が多数寄せられ，株主にとの呼びかけに地区内96世帯と地区外12世帯で合計700万円の出資金が集まった。大宮産業の現会長であるA氏によれば，出資金がこのように集まったのは，農協に見捨てられたという怒りと不安があったからだと言う。とはいえ，近年は「若い世代の住民は郊外の大型量販店で買いものをして，集落活動センターが運営する商店を利用しない」と言う。利用しないと再び住み続ける仕組みが崩壊するからであるが，ここには利用しない自由とのジレンマがある。A氏は「大宮産業を立ち上げるとき，もうちょっと地域づくりも一緒に考えたらよかったと反省している」とも言い，「若者が集落活動センターを利用しなくても，近所に住んでいたらお見舞いに行くけれど，大型量販店だったら買いものに来てありがとうございましたとは言うけれど，お見舞いには絶対に来てくれない。そうすることで集落は維持できると思う」と述べた。

「みやの里」の事業の一つに葬祭事業がある。葬儀は四万十市中心部や隣接する愛媛県内の葬祭会館で行うことが主流となる中で，年金を頼りに生活している多くの高齢者にとっては会館での葬儀は負担が大きく参列を諦めざるを得ない。「みやの里」では「大宮でお別れがしたい」「ふるさとから送り出してあげたい」という住民の声を受け，旧保育所に祭壇を準備した。「最後まで助け合いの精神であの世へ行こう」「簡素でも心のこもった手作りの葬儀」「故郷でさようなら」が合言葉となっている。この他にも，広く住民の意見を聞く場として40歳〜80歳各層男女で組織されるアドバイザー会議を年に数回開催し，「買いものに行きたいけど行けない」「重いものは運べないから買えない」といった声からは宅配サービス兼見守り活動が開始され，

「みんなが集まる場や賑わいがほしい」からは談話スペースの設置や「土曜夜市」やお盆の時期に開催される「感謝祭」などがある[19]。

４．「地域型」か「地域版」か

　岡田知弘の言う「住民の生活領域としての地域」と「資本の活動領域としての地域」との矛盾は，2014年以降に活発になる国の地方創生政策によってますますその度合いを増すことになる[20]。高知短期大学で長く教鞭をとり，高知県の経済政策にもコミットしてきた福田善乙は，高知県の『産業振興計画』が「高知型」でいくのか「高知版」でいくのかの岐路に立たされていると警鐘をならす。表２は，福田が両者の違いを整理したものである。福田は同時に「高知型」としての進化と深化を求める根拠として「時代の転換期にある経済システム」の姿を次の５点に整理している[21]。第一は「大量生産・大量販売・大量消費・大量廃棄型」から「身の丈に合った自然・環境保全型」への転換。第二は「経済的効率中心」から「人間的・社会的効率中心」への転換。第三は「生存競争中心」から「人間の相互発達中心」への転換。第四は「画一性中心」から「多様性中心」への転換。第五は「単一基準での評価」から「複数基準での評価」への転換である。ここからは，高知県における今後の地域経済の発展方向とともに，現状ないしはこれまでのありようを批判的に検討し再構成し得る「知」の形成，地域社会教育実践を展開していく上での「方向性の知」を構築していく手掛かりがみてとれる。

　教育関係者にとって，福田のこうした主張は必然的に上原専禄が指摘した「地域の地方化」を想起させるだろう。「地域というものを……国民教育をつくり出す，そういう具体的な場として，あるいは中央の権力のわがままな政策意志を現実に食い止め，克服していく場として，別の言葉でいえば地域というものをひとつの価値として，たんなる研究上の作業概念としてではなく，日本の国民生活を進めていくための拠点的な，現実の場として考える」[22]という上原の主張はこれまでも数多く引用されてきたが，あらためてその意義を現代的具体的におし進めていく必要がある。社会教育条件が後退し，その拠り所が混迷している高知にあって，地域の学習基盤として，また

地域社会教育の内容と方向を再構成していくきっかけとしての「現実の場」が，集落活動センター設置に伴う様々な対立や葛藤を乗り越えようとする営みの中にあると考える。

表2 「地域（高知）型」と「地域（高知）版」との違い

地域（高知）型	地域（高知）版
①地域の人たちが地域の実態に基づき，力を合わせて地域も発展を考える政策をつくる	①国からの政策・提案・考えに依拠して地域の発展の政策をつくる
②地域＝足元からの発想	②一般に国からの発想 往々にして大都市からの発想
③開いていく視点	③閉じていく視点
私（足下）→市町村→都道府県→国→世界	世界→国→都道府県→市町村→私
④高知が支える日本	④日本（全体）の一部分（分担）としての高知
⑤地域の宝物（資源）の全体活用	
宝物―自然・環境・人・資源・資本・科学・技術・教育・文化・医療など	⑤地域の宝物（資源）の部分活用・切り売り
⑥高知の個性・高知らしさが中心	⑥国からの例示・他の地域の事例中心
⑦自主性・自発性・創造性	⑦画一性・一律性・模倣性
⑧能動性・提案性	⑧受動性・受身性

出典：福田善乙「岐路に立つ『高知県産業振興計画』」四銀地域経済研究所『四銀経営情報』No147 2015年

おわりに

　高知県の集落活動センター設置については，2009年度から高知県中山間活性化アドバイザーとして深く関わってきた小田切徳美の存在が大きい。周知のとおり小田切は，中山間地域疲弊の本質「誇りの空洞化」を払拭する三つのプロセスのうち，「暮らしのものさしづくり」にとって公民館活動の役割に期待している[23]。その意味でも「公民館貧困県」とも言える高知県において，あらためて公民館活動の意義を再確認していくことは必要である。
　とはいえ，それらが単なる学習の方法や技術への理解に留まることなく，貨幣的な価値に限定されない新たな文化的，環境的，人間関係的価値の創造をめざすならば，繰り返しになるが「現実の場」から一人ひとりが自らの日

常を対象化し再構成を図る地域学習を生み出し，生み出された地域学習のあり方そのものを不断に問い返す営みとしての地域社会教育実践を創造する。[24]そうした力を獲得し合っていくところに教育的価値を見出す方向を高知県における今後の地域社会教育の展望としていきたい。

【註】

1）松田武雄「自治体改革のもとでの社会教育ガバナンス」日本社会教育学会編『自治体改革と社会教育』東洋館出版社，2009年，180-193頁。

2）岡田和弘「地方創生政策と地域づくり」日本社会教育学会『社会教育学研究』第53巻第1号，2017年，27-29頁。

3）『自治体改革と社会教育』の時点で取り上げられている諸例は，一定の規模と条件を備えた都市部であったり，現行の公民館活動が一定水準で展開されている地域となっている。

4）高知県総務部統計分析課『県勢の主要指標 平成30年度』2019年3月。

5）上野景三「自治体社会教育の再定義と社会教育ガバナンス」日本社会教育学会編『自治体改革と社会教育』東洋館出版社，2009年14頁。

6）高知県では1997年から2006年まで「土佐の教育改革」が行われ，「子どもたちが主人公」を合言葉に地域に根ざした参加と共同による特色ある学校づくりが，地域教育指導主事の配置や開かれた学校づくり推進委員会，地域教育推進会議のもとに多様に展開されたが，その後の10年は総じて「学力向上」政策や「測定文化」の蔓延りの中で，学校や教育の自律性や自治性が後退してきている。拙稿「土佐の教育改革の継承と断絶」『月刊社会教育』2017年6月号，48-52頁。

7）高知県社会教育委員会『県民の力を育み，絆を創出するための社会教育の在り方』（答申）2014年7月。筆者も委員であったが，そこでは「集落活動センター」について一言も触れることができなかった。拙稿「社会教育委員の答申から生まれた実践交流会」『社教情報』No.79，2018年，4-8頁。

8）高知県中山間対策課からのヒアリング（2019年6月7日）。

9）地域企画支援員は，市町村に駐在し，地域のニーズや思いを汲みながら，地域の振興や活性化に向けた取組みを支援するとともに，県の情報を伝えたり，県民の声を県政に反映させる役割をもつ。2008年度からは『高知県産業振興計画』における地域アクションプランづくりの担い手として組織再編された。2018年度には県内7ブロックの地域本

部に計64名が駐在。

10）高知県中山間地域対策課『総合パッケージ版 集落活動センター支援ハンドブック Vol. 8』2018年。高知県中山間地域対策課からのヒアリング（2019年6月7日）。

11）田中きよむ，水谷利亮，玉里恵美子，霜田博史「集落活動センターを拠点とする高知型地域づくり」高知大学経済学会『高知論叢（社会科学）』第109号 2014年 39頁。

12）高知県中山間地域対策課「高知県の中山間対策〜三層構造の政策群による活性化」『集落活動センターリーフレット』2018年。

13）岡田友弘『地域づくりの経済学入門』自治体研究社，2005年，27頁。

14）集落活動センター「みやの里」（四万十市西土佐大宮）A氏からのヒアリング 2018年8月24日（科学研究費補助金基盤研究B「転換期における民衆的教育思想の生成に関する実証的研究」研究代表者宮崎隆志）

15）集落活動センター「いしはらの里」（土佐町石原）B氏からのヒアリング 2019年4月12日。

16）集落活動センター「チーム稲生」（南国市稲生）C氏からのヒアリング 2019年1月11日。

17）集落活動センター「あわ」（須崎市安和）D氏からのヒアリング 2018年10月17日。

18）宮﨑隆志「地域学習論の展開のために―『地域学習の創造』を手掛かりに―」北海道大学大学院教育学研究院社会教育研究室『社会教育研究』第34号，2016年。

19）前掲註14。

20）前掲註2。

21）福田善乙「地域活性化への基本的視点―『地域型』政策の進化と深化を図ろう」㈱四銀地域経済研究所『四銀経営情報』No.153，2016，8 -26頁。

22）上原専禄「世界・日本の動向と国民教育」国民教育研究所編『国民教育の創造をめざして』労働旬報社，1977年，178-179頁。

23）小田切徳美『農山村再生―「限界集落」問題を超えて』岩波ブックレット No.768 2009年；小田切徳美編『農山村再生に挑む』岩波書店，2013年；小田切徳美『農山村は消滅しない』岩波新書，2014年など。

24）島田修一「社会教育における実践の検討」矢川徳光・五十嵐顕ほか編 講座『現代教育学の理論』1「現代教育学の理論」青木書店，1982年。

学校統廃合を契機とした地域づくりの展開
―公民館による地域教育体制の再構築―

丹間 康仁

はじめに

　少子高齢化が進む中，全国各地で学校統廃合が実施されている。学校統廃合は，国と自治体による学校教育体制の再編である。しかし，地域に大きな影響をもたらす政策でもある。子どもの学習環境や子育ての条件が変化し，住民にとっての「精神的支柱」[1]が失われる。「とくに小学校の廃校は，地域が地域での子育てを諦めることにつながる重大な事態である」[2]と指摘され，「社会の撤退の大きな一歩」[3]であると捉えられている。農村社会学の視点からは「小学校を拠点とした地域づくり」[4]の事例が注目され，「学校，特に小学校は地域の拠点でありシンボルでもある」[5]という認識のもと，小規模になっても学校を維持し続ける地域づくりの実践が評価されてきた。

　とはいえ現実には，全国で毎年度およそ400〜600校の公立学校が廃校となっている[6]。学校を失った地区は着実に広がっている。廃校を活用して新たな地域づくりを進める例もみられるが，全てを有効に活用できている状況ではない[7]。学校統廃合は，実施に至るまでがまずもって地域の複雑な利害と矛盾の絡み合う困難な過程である。しかし，学校統廃合を実施したのちに地域の教育体制を立て直し，地域自体をいかに維持していくかという課題に向き合わざるを得ない点で，なおいっそう深刻な課題であるといえる。

　これまで教育学の分野では，学校統廃合に関する研究が蓄積されてきた。

通学区域制度の研究[8]，学校規模・学校配置の研究[9]をはじめ，学校統廃合の政策形成過程の考察[10]や財政効果の検証[11]，政策の規定要因の分析[12]等が取組まれ，少子化の動向を踏まえた教育行財政や教育経営の対応が検討されてきた。社会教育に関しては，公立小学校数と公民館数の増減率を比較し，市町村合併の影響を学校教育と社会教育で比較した研究がある[13]。他方で，本テーマに関連しうる日本社会教育学会の年報『自治体改革と社会教育ガバナンス』[14]，『学校・家庭・地域の連携と社会教育』[15]，『社会教育としてのESD』[16]では，学校統廃合が正面から検討されることはなかった。近年になって『月刊社会教育』が学校統廃合を特集で企画したが[17]，「少子高齢化に悩む地域にとって，学校が子育て世代を定住させるための必須アイテム」[18]と位置づけられ，特集のテーマは学校存続に収斂した。しかし，学校統廃合をしない道こそが是であるという論調が高まり過ぎると，各地でやむなく統廃合に踏み切る事例が少なくない現状の中，そうした地域で教育体制を立て直して地域を維持する道筋を描き出そうとする議論は生まれにくくなる。

　以上を踏まえて本稿では，学校統廃合を契機とした地域づくりの展開に迫るため，学校教育体制の再編にともない地域の社会教育体制がいかなる動きをみせるかについて究明する。学校統廃合をめぐって，地域づくりの視点では「撤退を，存続の論理やその工夫とセットで示して行う必要がある」[19]と指摘され，「公民館活動が地域づくりの母体となるケースが少なくない」[20]と理解されている。本稿では，学校統廃合の実施前後における地域行事や地域活動の動きを，地区公民館の関わりに注目しながら明らかにしていく。

1．少子化時代における学校教育の再編政策

⑴　学校適正規模・適正配置をめぐる国の政策

　2015年1月，文部科学省は「公立小学校・中学校の適正規模・適正配置等に関する手引」を公表した。国の政策を振り返ると，1956年に中央教育審議会が答申「公立小・中学校の統合方策について」をまとめ，文部省が同年に

自治体へ通知するとともに，翌1957年に「学校統合実施の手びき」を提示した。しかしその後，住民の反対運動が各地で広がったことを受けて，1973年に国は無理な統廃合を実施しないよう求める通達を出し，政策を転換した。

2015年の新手引では，従前の1956年通知，1957年「手びき」，1973年通達をいずれも廃止する旨が明記された。そのため，学校統廃合に対する国の方針が再転換したという認識が広がった。しかし，新手引の内容は，公立小・中学校の適正規模を12〜18学級としており，この値は法令上の基準と変わらない。新手引では，法令基準の規模から下回る程度に応じて学校統合の適否を検討するよう自治体に求めている。他方，学校配置については，小学校4km，中学校6kmという従来の距離基準に加えて，スクールバス等の乗車時間の「一応の目安」を「おおむね1時間以内」と示した。

こうして2015年の新手引は，国による58年ぶりの「学校統廃合の手引」として理解された面もあったが，実際には学校統廃合と学校存続の両論を併記した点に留意が必要である。適正規模化を基本としつつ，学校の「地域コミュニティの核としての性格への配慮」として「地理的要因や地域事情による小規模校の存続」を示した。全6章からなる新手引のうち，統合が困難な場合に小規模でも学校を存続させる道筋が4章で述べられ，休校を再開する可能性に5章で触れられた。学校統廃合が選択できない状況を想定し，その場合には小規模校のメリットを最大限に生かして教育を充実する方策と小規模校のデメリットを解消ないし緩和する積極的な工夫を求めている。この点を踏まえれば，新手引は，国が単に学校統廃合の実施を自治体に要請した政策ではなく，学校統廃合ないし学校存続の方針を子どもの学習環境の保障や充実に焦点づけながら検討させることを求めた政策として理解される。

(2)　「学校を核とした地域づくり」政策の検討

2015年12月，中央教育審議会は答申「新しい時代の教育や地方創生の実現に向けた学校と地域の連携・協働の在り方と今後の推進方策について」をまとめた。これを受けて，学校運営協議会の全校設置が努力義務化され，学校支援地域本部を地域学校協働本部に転換する上での法整備が進んだ。

答申は，学校と地域の連携・協働の姿として，「地域とともにある学校への転換」「子供も大人も学び合い育ち合う教育体制の構築」「学校を核とした地域づくりの推進」の三本柱を掲げた。三本目の柱では，人づくりと地域づくりの好循環が目指され，学校と地域の双方向の関係構築が求められた。しかし，「学校を核とした地域づくり」という政策は，本稿の視点からすれば，地域の置かれた状況次第で隘路に直面することが危惧される。すなわち，地域づくりの核に位置づけられようとしている学校は，児童生徒数に基づき学級数が算出され，その値から教職員定数が規定される組織である。それゆえ，年少人口の推移と学校規模の変動は原理的に切り離せない。学校教育体制に依存した地域づくり政策は，少子化の進む地域においては，頼みの学校が縮小して廃止されたときには地域も共倒れしかねない脆さを抱え込む。

　加えて，学校における子どもの学習環境という点では，学習指導要領の改訂が学校統廃合に及ぼす影響を看過できない。これについては，「多様な意見の往還を前提とする対話的学びが重視される学習指導要領（2017年3月公示）においては，少人数での展開には困難性を伴うことになり，小規模校のあり方が学習保証上の課題となると考えられる」[21]という指摘がある。「子どもは学習の主体であるだけでなく，他の子どもの学習の資源でもある」[22]という視点に基づけば，いくら地域と学校が協働を深めても，子ども同士の相互の人間関係を住民や教職員等の大人が代替しうるものではないだろう。

２．学校統廃合の実施による地域と公民館への影響
―島根県内の公民館等調査を踏まえて―

(1)　小学校の統廃合と地区公民館等の維持

　以上を踏まえて本稿では，全国でも過疎化と少子高齢化の進行が著しい島根県を対象に調査を実施した。島根県では平成の市町村合併が大規模に進み，1999年に59あった市町村（8市41町10村）が，2012年には19（8市10町1村）となった。こうした中，図1のとおり，県内の公立小学校数は最近20年間で297校から203校に減少した。その間，公民館等数は330〜350館前後で推移し，2017年度時点で317館ある。公民館等数は小学校数ほど減少してお

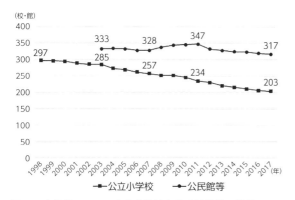

図1　島根県における公立小学校と公民館等数の推移
(出典)「学校基本調査」及び「島根県社会教育行数の方針と事業」各年度版に基づき作成

らず，小学校を失った閉校地区に公民館等を比較的維持している状況が窺える。

島根県は県の統計で公民館等という概念を用いている。公民館等とは「社会教育法上の公民館だけでなく，実態として公民館の機能を担うコミュニティセンター，交流センター，まちづくりセンター，地域コミュニティ交流センターを含むものである」[23]。このような統計方法は「公民館的な機能が評価されている証」[24]と捉えられている。むろん国による「社会教育調査」では，県内の公民館数は2015年度調査で200館にまで減少した。これは，出雲市における公民館のコミュニティセンター化をはじめ，雲南市，大田市，江津市でも既存の公民館を社会教育法の枠外の施設に再編する政策が進められたためである。

以上を踏まえて本稿では，島根県内317館の公民館等を対象に，学校統廃合にともなう地域行事や公民館事業の変化を尋ねる郵送調査を実施した。2018年6月13日～7月2日の回答期間で調査票を送付して，有効回答185件（有効回答率58.4％）を得た。

(2) 学校統廃合にともなう地域活動と公民館事業の変化

郵送調査の結果，ほとんどの地区で最近20年間に年少人口の減少が進んでいた。全体として「減少」の回答が163館，「横ばい」が12館，「増加」が9館であった（回答数184）。その上で，図2のとおり，最近20年間で「地区内の小学校が廃止された」という回答が28館あった。「統合先になった」の回答を合わせると，調査に回答した公民館等のうち4割を超える地区が小学校

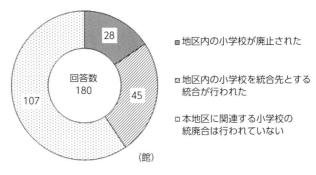

図2　最近20年間での小学校統廃合の状況
(出典) 郵送調査の結果に基づき作成

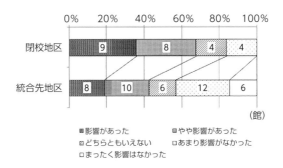

図3　学校統廃合の公民館運営への影響
(出典) 郵送調査の結果に基づき作成

の統廃合を経験していた。そうした地区の公民館等が学校統廃合の影響をどのように受け止めているかについて，図3に示した。統合先地区よりも閉校地区のほうが，公民館の運営に「影響あり」と回答した割合が高かった。閉校地区では「まったく影響がない」という回答が皆無であった。

次に図4で，学校統廃合の実施形態別に地域行事と公民館事業の変化をみると，統合先地区より閉校地区のほうが新たに開始した地域行事や公民館事業が「ある」と回答した割合は高かった。他方，中止した行事や事業が「ある」との回答の割合も高い。学校統廃合の実施によって地域行事や公民館事業に大きな変動を生じるのは，統合先地区より閉校地区であるといえる。

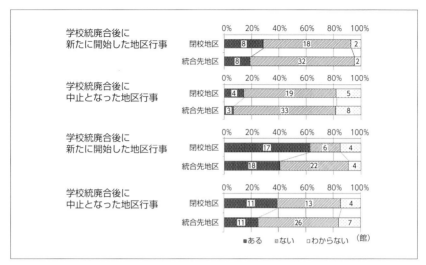

図4 学校統廃合の状況別にみた地域行事と公民館事業の動向
(出典) 郵送調査の結果に基づき作成

　最後に，閉校地区で創出あるいは中止された地域行事と公民館事業の具体例を表1に示した。学校統廃合後の地域にまとまりを生み出す行事や子どもに焦点づけた公民館事業の例が多くみられた。また，「通学合宿」「運動会」「放課後子ども教室」の回答は，創出と中止の双方に出現した。学校統廃合の実施によって，それまで続けてきた行事や事業の継続が困難となる地区もある中，逆にそれらの行事や事業を新たに始めている地区もみられた。学校を失った中で，地域行事や公民館事業を創出した経緯が注目される。

　以上の結果に基づき，本稿では，学校統廃合を契機に地域行事と公民館事業に顕著な変化がみられ，現地調査への協力が得られた事例を2か所選定した。第一は，5小学校を1校に統合し，社会教育法上の公民館を旧学区ごとに置く浜田市旭自治区である。第二は，4小学校を1校に統合し，旧学区ごとの公民館をまちづくりセンターに再編した大田市温泉津町である。2018年7月24日，30〜31日，2019年3月26日に地区内の全ての公民館等を訪れて，館長・主事等への聞き取り調査と関連資料の収集を実施した。

表1 閉校地区で創出・中止された地域行事と公民館事業

(件数の記載がないものは各1件)

	創出	中止
地域行事	・体育祭 ・運動会や文化祭を合同開催から単独開催へ ・ふれあいまつり ・とんど祭り（小学校主体の事業を地域で） ・どんど焼き ・農村歳時記 ・子ども会	・運動会（3件） ・地域学習発表会
公民館事業	・通学合宿（2件） ・廃校活用 ・野外宿泊体験活動 ・放課後子ども教室 ・子どもの居場所づくり ・寺子屋事業 ・プレーパーク ・ギャラリーの運営参加 ・自治組織の立ち上げ ・統合小学校の出張授業 ・地域交流に関する事業 ・小学校周辺奉仕作業 ・児童ネットワーク部の組織化 ・地区外児童対象の事業 ・小学校の川の学習，スキー教室 ・ふるさと教育の体験事業等	・通学合宿（3件） ・ボランティアハウス ・子ども対象の教育活動 ・もちつき大会 ・しめ縄作り体験 ・学校・婦人会共催研修会 ・読み聞かせ ・振替休業日支援事業 ・放課後子ども教室 ・学校支援 ・カルタ大会 ・卒業生激励会

(出典) 郵送調査の結果に基づき作成

3．学校統廃合を契機とした地域づくりと公民館
―島根県内における二つの事例から―

⑴ 浜田市旭自治区における5小学校の統廃合

　浜田市旭自治区は，2005年に浜田市と合併した旧・旭町を範域とする。面積128.6㎢，人口2,756，世帯数1,344，高齢化率41.7％（2018年8月末）の地区である。市の内陸部に位置する中山間地域で，1991年の浜田自動車道の全通によって，浜田市街のみならず広島方面と結節した交通至便な地区である。2008年に中心部の今市地区に国の社会復帰促進センターが開所して局所

第Ⅱ部　周縁から生まれる地域社会教育

的に人口増加を生じたが，旭自治区全体では人口減少が進む。

　旭自治区には現在，小・中学校が１校ずつある。小学校はかつて旭自治区に５校あった。それらの統廃合が実施されはじめた2007年度時点で，各校の全校児童数は，都川小５名，木田小16名，今市小54名，和田小14名，市木小14名であった。同年度末に都川小がまず今市小に統合され，2012年度末には木田小が８名で統合，2013年度末には和田小が12名，市木小が10名で統合された。これにより，旭自治区全域の児童が今市小へ通うこととなった。その後，今市地区の新たな校地で校舎建設を進めて，2015年度末で今市小を廃止，2016年度より旭自治区全体の統合新校として旭小学校を開校するに至った。旧小学校区ごとに計５館の地区公民館が設置されている。地区公民館の職員体制は，館長１名（非常勤），主事１名（常勤）が基本である。

　統廃合の実施によって小学校がなくなった４地区では，学校行事と一体化して実施していた地域行事の継続が課題となった。その代表が運動会である。学校があったときは，地域との合同運動会を一日行事で開催していた。閉校後も地区毎に運動会を続けているが，地域単独で行事を運営していく体制が必要となった。地区の子どもが参加する種目を入れているが，プログラムは学校があったときより全体として縮小し，半日行事や屋内実施に変化した。

　閉校地区において新たな地域づくりの拠点となりうる廃校をめぐっては，地区によって異なる活用状況がみられた。和田地区では校舎を改修してそこに公民館が移転した。一方，市木地区では老朽化のため校舎を取り壊し，地域の広場を整備した。他方，木田地区では1936年建築の木造校舎を「木田暮らしの学校」として活用し，地域づくりの新たな拠点にしている。廃校活用に取組む地域組織が結成され，公民館から独立して活動を展開している。

　５地区にそれぞれ小学校があったときは，学校での児童の地域学習は地区との日常的な連携の中で行われていた。児童数自体が少なく，全校を単位とした地域学習の活動が中心であった。それが統合後には５地区の異なる地域特性を学年単位で学習する形態に変化した。市木地区では「市木探検」（２年生），木田地区では特産品である梨の生育観察と作業体験（４年生），都川地区では棚田学習（５年生）をはじめ，地域学習のフィールドが統合によっ

て旭自治区全体に広がり，児童の学習内容が旧学区ごとの地域資源を活かしたものに多様化した。

　小学校の統合後，今市公民館に主事が 1 名増員された。地区内に統合校のある今市公民館は，同校と五つの旧学区の連携を図る上でコーディネート機能を発揮している。今市公民館は2018年 7 月，旭小学校の教職員向けに旭自治区内のバスツアー研修を企画した。五つの旧学区を半日かけてバスで回り，旧学区ごとの見どころを各地区の公民館職員や住民が旭小学校の教職員に案内する事業が実施された。こうした公民館による学校への働きかけと地区公民館どうしのネットワークが，学校統廃合後の新たな取組みとして旧学区の地域資源を統合校の教育活動に活かしていく動きを支えている。

⑵　大田市温泉津町における 4 小学校の統廃合

　2005年10月，温泉津町と仁摩町が大田市と合併した。本稿で事例とする大田市温泉津町は，面積71.9㎢，人口2,869，世帯数1,429（2018年 9 月 1 日時点）の旧町である。市の西部に位置し，日本海に面する漁業集落から南部の農業集落まで，多様な地域特性を有する。鉱山の産出地や温泉地として栄えた地区もあるが，現在では町全体で少子高齢化と人口減少が進む。

　かつて温泉津町には小学校が 4 校あったが，2008年に市が示した「大田市学校再編実施計画」を受けて，2010年度末に 1 校へ統合された。同年度の各校の全校児童数は，井田小21名，湯里小15名，温泉津小53名，福波小25名であった。児童数が最も多く支所に近接した立地は温泉津小であったが，校舎の築年数と教室数，通学負担を踏まえて，福波小の校地と校舎を用いて統合校の新・温泉津小を開校した。中学校は隣町で統合し，町内にはない。

　大田市では2009年度より旧地区公民館を首長部局所管のまちづくりセンターに再編した。市内には27館のまちづくりセンターがある。加えて，市内七つのブロックごとに教育委員会が所管する公民館を置いた。社会教育の推進や生涯学習活動の支援を広域で担う公民館と，狭域の地域づくりの拠点としてのまちづくりセンターが二層構造をなす。温泉津町では旧地区公民館の職員がまちづくりセンターの職員に移籍した例が多く，これまでの公民館運

営の蓄積に根ざしてまちづくりセンターの事業や活動が進められている。

　温泉津町での学校統廃合を契機とした地域づくりの動きで注目されるのは，湯里地区に湯里小があった頃から続いてきた通学合宿の取組みが，閉校後も継承されている点である。地区の高齢者宅でのもらい湯も行われ，湯里の子どもたちを湯里で育てていこうという動きがみられる。旧学区単位での取組みの継続が成り立った背景には，まちづくりセンターから事業継続の意向が統合校の校長に伝えられ，学校側の理解と協力を得ていることがある。一方，旧学区ごとの取組みを学校統廃合の実施後に温泉津町全体へ広げる動きもみられた。具体的には，湯里地区で長年取組まれてきた「そろばん教室」に他の3地区からも子どもたちの参加を迎え入れている。また，放課後等の学童保育を統合校のある福波まちづくりセンターで行ってきたが，利用児童数が増えたため，支所やブロックの公民館がある温泉津地区の保健センターでも実施している。その移動には地区へのスクールバスが利用される。そこから自宅までの帰路は，保護者が地区の枠を越えて子どもを迎えに行く。

　また，小学校の閉校によって地域施設の機能が拡大した地区もある。2000年に新築されていた湯里小の校舎には，閉校後，湯里まちづくりセンターが移転した。通学合宿等で施設を使いやすくなったほか，かつての教室を用いて郷土に関する書誌や史料を館内で保存・展示している。また，井田小は1998年に公民館・幼稚園との複合施設として新築された。閉校によって，複合施設から学校の機能が撤退する形となったが，地域で使用できる教室は増えた。旧井田小の職員室は，介護予防の観点で行われている「高齢者の通いの場づくり事業」の会場になった。旧小学校を拠点に地域福祉活動が展開されているといえるが，広い校舎を地域のみでは使い切れていない実情もある。複合施設のときは空間的にも小学校と公民館が日常的に連携を図りやすく，子どもたちがいつも身近な場所にいる状況であった。それが閉校後は，同じ建物の空間に子どもたちがいることは当たり前でなくなったという変化も大きい。

　一方，統合校での「ふるさと教育」では，海苔作り，ウミネコ調査，川探検，ヨズクハデ作りなど，旧学区それぞれの地域資源を活かした学習をして

いる。ここで注目されるのは、統合校と旧学区が連携する中で、地域行事のあり方に変化が生じた点である。井田地区では牛の畜産が営まれており、毎年、共進会という牛の品評会が開催されていた。以前は農家の大人が中心の行事であったが、井田小の閉校を契機に、共進会に子どもたちの参加を受け入れる動きが生まれた。統合校の「ふるさと教育」の中で1・2年生が共進会に参加し、子どもならではの視点で牛の品評を行う。子どもたちは手作りの表彰状を準備して出品者である住民に贈呈する。井田地区の住民と温泉津町全体の子どもの間に新たな交流が結ばれ、地域行事の意味が変化した。

4．少子化時代における地域教育体制の展望

　以上、本稿では学校統廃合を実際に経験してきた島根県内の地域にアプローチして、地域の教育体制を立て直していく動きに着目した。その結果、学校統廃合を契機とした地域づくりの展開において次のような知見が得られた。

　第一に、学校のみを核としない地域づくりの視点である。本稿では、学校教育の体制に依存して進められる地域づくりの政策を批判的に捉えて、少子化動向下での脆弱さを指摘した。学校のみを核とするのではなく、公民館を地域のもう一つの核に位置づけて、少子化の流れに巻き込まれることのない自律した地域教育体制を構築していく必要性が提起される。

　第二に、新旧学区での複層的な地域づくりの構想である。小学校の通学区域と公民館の対象区域の整合性を図るために両者をあわせて統廃合することは、必ずしも有効な政策とはいえない。旧学区の骨格を残しながら新学区の範囲にある多様な地域資源や地域特性を生かしていくことで、新旧学区の複層的な地域認識に支えられた地域づくりの展開が構想される。その際、統合先の学校と新旧学区の地域の関係をコーディネートする視点から、公民館職員の配置をはじめ、地域の社会教育体制をむしろ強化して整備することが求められる。学校統廃合の実施により、以前は日常的につながっていた地域と学校の関係が切り離される。閉校地区では、統合校に通う子どもと新たな関係を模索しようと、子どもに焦点を当てた地域行事等を展開していた。学校

統廃合を実施する場合，子どもの教育を統合先の学校教育体制に一任するのではなく，旧学区もそこに関与していく取組みや仕組みが求められる。

　第三に，学校教育と社会教育を車の両輪とみたとき，学校統廃合を契機とした地域づくりの展開において，閉校地区にある公民館が統合校にとって補助輪の一つになるか，閉校地区の将来をつくる動輪になるかが問われる。地域からの学校教育の撤退は，その地域における社会教育の存在意義が相対的に高まる機会としても捉えられる。かつて宮原誠一は，社会教育を「近代的学校制度と相対するものとして発達してきた」と捉えた上で，「学校と社会とが完全に結合され，学校教育と社会教育とが一体化されなければならない」と，両者の関係の「再調整」を主張した[25]。しかしその後の日本は児童生徒数の減少期に突入し，学校教育は統廃合という形態で地域からの撤退を進めている。地域自体の維持を考えたとき，学校教育と社会教育の関係をどう結び直すかという問いは，これからの社会教育学研究の課題になるであろう。

【註】

1）若林敬子『学校統廃合の社会学的研究』御茶の水書房，1999年，p.457。

2）山下祐介『地方消滅の罠―「増田レポート」と人口減少社会の正体―』筑摩書房，2014年，p.60。

3）同上書，p.68。

4）小田切徳美『農山村は消滅しない』岩波書店，2014年，p.112。

5）同上書，p.224。

6）文部科学省『廃校施設活用事例集～未来につなごう～みんなの廃校プロジェクト』2019年。

7）文部科学省「平成30年度 廃校施設等活用状況実態調査」2019年。

8）葉養正明『小学校通学区域制度の研究―区割の構造と計画―』多賀出版，1998年。同『人口減少社会の公立小中学校の設計―東日本大震災からの教育復興の技術―』協同出版，2011年。

9）天笠茂編『学校適正規模と適正配置に関する教育政治経済学的研究―第一次事例調査報告を中心に―（中間報告書）』平成23年度～平成25年度科学研究費補助金（基盤研究（B））研究成果中間報告書，2012年。同編『人口減少社会における地域共生に資する学校適正規模・学校適正配置に関する研究』平成26年度～平成28年度科学研究費補助金

（基盤研究（B））事例資料集，2014年。

10）植田啓嗣・木村康彦・小野まどか「学校統廃合計画における政策形成過程の研究―神戸市を事例として―」『早稲田教育評論』第30巻1号，2016年，pp.135-149。

11）櫻井直輝「学校統廃合政策の財政効果―基礎自治体に着目した事例分析―」『日本教育行政学会年報』第38集，2012年，pp.99-115。

12）青木栄一・廣谷貴明・神林寿幸「学校統廃合の規定要因―固定効果モデルを用いた全国市区のパネル・データ分析―」『東北大学大学院教育学研究科研究年報』第64集第2号，2016年，pp.19-35。

13）新藤慶「『平成の大合併』の展開と地域社会の教育への影響に関する一試論―合併に伴う住民の学習過程の分析を中心として―」『群馬大学教育学部紀要 人文・社会科学編』第61巻，2012年，pp.171-187。

14）日本社会教育学会編『自治体改革と社会教育ガバナンス』東洋館出版社，2009年。

15）同編『学校・家庭・地域の連携と社会教育』東洋館出版社，2011年。

16）同編『社会教育としてのESD―持続可能な地域をつくる―』東洋館出版社，2015年。

17）「特集：学校が"ふるさと"を守る」『月刊社会教育』2018年9月号，pp.1-43。

18）朝岡幸彦・石山雄貴「学校存続の意義と"ふるさと"の未来」同上書，p.12。

19）山下，前掲書，p.69。

20）小田切，前掲書，p.73。

21）貞広斎子「少子化社会にかかる研究動向と今後の方向性」日本教育経営学会編『教育経営学の研究動向』学文社，2018年，p.131。

22）水本徳明「人口減少社会時代における学校再編」『日本教育経営学会紀要』第58号，2016年，p.109。

23）島根県教育庁社会教育課『島根県社会教育行政の方針と事業（平成30年度）』2018年，p.74。

24）高橋興「都道府県社会教育行政の基盤変容―公民館振興施策を中心として―」『日本公民館学会年報』第6号，2009年，p.21。

25）宮原誠一「社会教育の本質と問題」『教育と社会』金子書房，1949年，pp.152-186。

【付記】

本研究はJSPS科研費（課題番号：JP18K13067）の助成を受けて実施した。

産業再編下における地域社会教育の
展開と地域づくりの課題
―高度成長期の九州炭鉱地帯・筑豊の事例から―

農中　至

はじめに

　本稿は，高度経済成長期の産業再編下における炭鉱地帯に注目し，社会教育の展開と地域づくりの課題について考察をくわえるものである。具体的には，北部九州地域の福岡県筑豊炭田地帯の事例から検討する。

　高度経済成長期の社会教育の研究は都市の過密化，農村の過疎化という前提に基づいて，これまで研究が進められてきたといってよい。いわば，都市・農村図式を一つの思考様式としながら研究されてきた[1]。しかしながら，「高度経済成長と昭和史，その延長線上にある現在社会を真に理解するためには炭鉱を理解する必要がある」[2]という指摘があることを想起しておく必要がある。

　今日，なぜ過去の産炭地の事例をもとに，社会教育の展開過程と地域づくりの課題を問おうとするのか。これには説明が必要であろう。そもそも高度経済成長期の産炭地とはいかなる地域社会であったのか。まずはここから理解しておく必要がある。

　戦後の産炭地域には多くの労働者が集まり，石炭産業に従事した。「炭鉱にいけば飯が食える」という時代があり，労働者の流入にともない都市も発展した。その典型は映画館の建設をはじめとする都市文化の活況である。ま

た石炭産業との関連で鉄道網が整備されるなど，広域での人の移動が可能となった。現代社会の都市で例えるなら，シネコンの建設や地下鉄網の整備に類するものだろう。つまり，炭鉱地帯の活況は地方を都市化し，その後のエネルギー革命の波は都市化した場を地方化したのだといえる。そして，人口は極端に減少し，基幹産業は崩壊した。社会教育の場合もまた，地域社会の衰退を背景としつつ，社会教育のリーダー層の流出や各種団体の担い手不足に見舞われ，炭鉱企業が提供する様々な学習機会や施設は消滅した。

　本稿で注目する産炭地とは人が当たり前にそれまでの労働に従事し，生活賃金を得ることが著しく困難になった地域である。基幹産業の衰退が進む高度経済成長期の地域の状況に注目することは，今日の日本社会の事態をつかむ上で，示唆を与えるものであると考える。当たり前に働き，賃金を得て，普通に生きていくことが難しくなる条件下において，社会教育と地域づくりの課題をどのように考えておけばよいのか。これが本稿の中心的な問いとなる。

1. 高度経済成長期の炭鉱地帯

(1) 労働組合教育への注目と「抵抗の主体像」

　日本の敗戦後の復興は，石炭エネルギーに拠るところが大きい。たとえば，政府は1945年11月に「炭鉱労務者緊急充足実施要綱」を決定し，13万人の労働者の充足を目指して，復員軍人や失業労働者の募集を進めた。また，その手段として，主食，衣類，酒，煙草などの特別配給も行われた[3]。「炭鉱にいけば飯が食える」という時代があったのはこのためである。

　戦後の社会教育研究では，高度経済成長期の炭鉱地帯について，主に次の対象に注目が集まってきたといえる。それは三井三池の労働組合である。

　花香実は高度経済成長期の労働組合教育の動向を振り返る際に，熊本県荒尾市との県境に位置する福岡県南部の大牟田市に拠点があった三井三池労組に注目する。花香は，「一九六〇年代の労働組合教育の動向を顧みる時に，その出発点に据えられるべきものは何であろうか。六〇年代の出発点，つま

り六〇年の時点における典型をなすもの—それは三井三池における実践であった」と論じ,「国民諸階層がさまざまな形で参加した安保改定阻止闘争が進展していたその時,同時に国民の注目,そして支援を集めたもう一つの中心は,炭鉱『合理化』の突破口としての,職場活動家を中心とする一三〇〇名にものぼる指名解雇に反対して,六〇年一月に始まった,三池労組の長期ストであった」[4]と述べる。ここでの主眼は三井三池労組の教育・学習活動がその後「どこでどう受け継がれ発展させられていったか」[5]にあり,検討の中心は「組合教育活動の実践」にあった。つまり,高度経済成長期の炭鉱地帯の探求は,この研究を典型に,労働組合における教育・学習活動の理論と実態の解明に力点があった[6]。こうした研究関心はその後も近年まで黒沢惟昭によって引き継がれ[7],三井三池労組への注目が,産炭地について考察する際の中心的な研究上のモチーフとなってきた。

これらにみられるように,これまでの高度経済成長期の産炭地域に関する研究は,労働組合教育との関連に分析の力点が置かれており,これらは石炭産業再編下における労働者の教育・学習活動の吟味を進めることで,炭鉱地帯における「抵抗の主体像」の確立に一定の貢献を果たしてきたと言える[8]。

(2) 炭鉱労働者と多様な地域住民階層

しかし,その一方で,炭鉱地帯には,組織化された炭鉱労働者ではない人々とその家族,労働者として組織されることも,連帯することも困難な中小・零細炭鉱の炭鉱労働者も多く存在したことを思い起こしておかねばならない[9]。例えば,1960年代当時の典型であった三井三池労組の教育・学習活動と並行し,同じく福岡県北部の筑豊炭田地帯には次のような状況があった。すなわち,「…昭和34年12月,炭鉱離職者臨時措置法が制定され,政府による広域職業紹介や移動奨励金,住宅資金の供給,雇用奨励金の支給などの対策がとられた。しかし,石炭産業の離職者は,中高年層の不熟練労働者が中心であるため,域外への労働移動は困難で,石炭失業者はより浮動的な炭鉱への再就職や地元の建設・日雇い労働市場への就労,そしてついには生活保護層への転落といった地域内の流動,滞留を余儀なくされた」[10]という

産業再編下における地域社会教育の展開と地域づくりの課題 | 111

状況である。また，「圏域の商業は石炭産業の繁栄を基盤に展開し，日常生活用品などの最寄り品を中心とし発達してきた経緯があり，エネルギー革命による昭和30年代後半からの炭鉱の閉山は圏域商業にとり大きな影響があった」[11]という状況にも見舞われていた。

つまり，福岡県南部を中心とした炭鉱地帯の盛んな労働組合教育運動の背景では，同じ福岡県内であっても異なる事態が進行していたのである。抵抗可能な組織労働者が存在した一方で，滞留を余儀なくされた住民がいたこと。これが同時代の炭鉱地帯のもう一つの現実でもあった。

自治体をまたぎながら広域的に炭鉱が存在した筑豊地域のような場合は，これまでの労働組合教育の探求とはまた別の切り口が不可欠であり，組織労働者という研究視角からだけでは，その地域実態を的確に捉えることができない。つまり，社会教育の条件整備に関わる諸課題や主要産業が衰退していく中で進行した地域住民主体の取組み，すなわち地域づくりに連なる住民の組織的学習の観点からの探求が，産炭地域の社会教育を研究する上でも今日重要なものとなる。

2．炭鉱再編下の暮らしの変容と地域社会

(1) 暮らしはどう変化したか

1970年代に入り，高度経済成長期の産炭地域の状況を捉えたものの中には，次のような解説がある。

> 鉱山町で最近特に問題となっているのは炭鉱町―炭住―の人々のことである。昭和30年代にはいっての急速なエネルギー革命は炭産の合理化，休・閉山を急テンポで現出した。ここに炭坑労働者は生活資金獲得の途をふさがれ，極度の貧困に陥った。職業につくにも坑内生活一本の職歴の彼らを迎え入れる職場はほとんどない。大多数が生活保護世帯になることで辛うじて毎日を過ごさざるをえなくなった。当然に生活はすさび，気も荒くなる。貧困ゆえの子どもの登校不能も激しくなった。学力

第Ⅱ部　周縁から生まれる地域社会教育

低下と非行が子どもたちに目だってきている。住宅としての「炭住」も
荒れ放題になってスラム化している。いつの間にか過疎化が進行してい
る。[12]

　上記は必ずしも筑豊地域を明確に指したものではないが，炭鉱産業の衰退が
住民の暮らしにどのような影響を及ぼしたのかがよくわかる。また，「筑豊
地区は，石炭産業が順調であった当時，全国的に見て保護率の低い地域で
あった。炭鉱閉山が始まって，失業者の急増から，突出した保護率を示すよ
うになる」[13]という指摘からは炭鉱再編下の暮らしの変容が読み取れる。
　エネルギー革命の結果進行した，炭鉱産業の再編によって，1950年代後半
から60年代にかけての旧産炭地・筑豊地域は大きな変化を迎える。とりわけ
主要産業の衰退にともなう失業，失業による生活困窮，生活困窮による生活
保護の受給というサイクルや，労働者の不安定化にともなう住環境，子ども
の発達環境条件の低下など，住民の暮らしは大きく変容した。

⑵　地域はどう変化したか

　一方，地域社会は具体的にどのような変化に見舞われたのだろうか。たと
えば，1959年当時，「田川市の失業者男2375人，女351人，過去1年間に倍
増」といった状況や「田川職安管内の失業者8900人，うち田川市在住4634人
にのぼる（石炭合理化法による離職者のうち帰郷，転職を除いた949人，炭
坑の企業整備によるもの1462人，関連産業315人，その他1908人）」[14]という
状況があった。福岡県南部の大牟田市で，三井三池労組による労働組合教育
運動が本格化する頃，筑豊地域の主要地区の一つである田川市郡では失業者
が増加する事態が進行していたのである。また，地域の子どもたちは「県下
炭鉱地帯の長欠児童小学校661人，中学校1753人，欠食児童小学校1258人，
中学校1035人に達する。なかでも田川郡川崎中学校の長欠，欠食生徒は35%
および田川市郡での炭鉱合理化による影響激甚」[15]という状況に置かれ著
しい地域環境の変化にさらされていた。
　こうした中，産業再編による失業者の増大に伴い，基礎自治体の財政基盤

産業再編下における地域社会教育の展開と地域づくりの課題　113

も悪化した。特に，鉱産税（出炭高の価格に対して100分の１の税率）や住民税に対する影響は大きく，住民の暮らしの変化と地域社会のあり方の変化が同時に生じることになった[16]。

３．産炭地社会教育の特質とその変容プロセス

(1) 産炭地社会教育の特質

①炭鉱地帯の地域社会教育

一つの産業の規模が縮小することが，住民の暮らしと地域のあり方に，なぜこうした深刻な事態を引き起こすことになったのか。そのことを象徴的に物語るのが産炭地の教育現場の特性，とりわけ地域社会教育の条件整備の特殊性から理解できる。

産炭地の教育史，中でも学校史を中心に研究を進めた林正登は次のように産炭地の社会教育を特徴づけている。

> かつて炭鉱労働者の子弟のために社会教育の施設や機会は炭鉱側が設けていた。たとえば，相撲大会，運動会がおこなわれていたし，会社によってはプールを有し，野球，子ども会，山のぼりなども実施していた。戦後は労働組合の要求もあった。先進的な組合であればあるほど教育に関心を示し，子どもを守る運動はすすめられ，非行対策や子ども会活動，体育行事までが組合と主婦会の手によってすすめられた。Ｐ・Ｔ・Ａの役員となって戦後の民主教育の推進に協力を惜しまず，勤評阻止闘争で教員の組合に絶大な支援を送ったのはこれらヤマの父母たちであった。そして，これらのひとたちは自分たちの受けられなかった十分な学校教育を子らへと，自分たちの技能を使って教育機材や運動・遊戯用器具を作って提供するなど，学校教育の円滑な運営の大切な支えとなっていた[17]。

これは地域社会教育の中でも，子どもの学校外教育を主要に指す内容であ

る。ここには炭鉱という産業とそこに従事する労働者が子どもの教育に協力的であったことが示されている。しかし，こうした後ろ盾は「（炭鉱が―引用者）廃山になり，一挙にこれが失われ」[18]，子どもの発達環境の条件は著しく低下することとなった。

　このような変化は，先述の長欠児，欠食児の増加などの状況からも容易に推察される事態であろう。学校で過ごすことの困難は，そのまま地域で過ごすことの困難に直結するからである。

　一方，成人の場合はどうであったのだろうか。成人の場合も地域社会教育の条件整備については，炭鉱産業の影響を強く受けていたとみて良い。

　炭鉱と地域社会教育基盤整備の関係を簡潔にまとめておけば次のようになる。第一に，炭鉱産業の存在ゆえに地域の共同性が構築されていたこと。第二に，サークル活動および文化活動の基盤を炭鉱産業が下支えしていたこと。第三に，炭鉱地域（社宅／炭住など）住民が地域社会において一定の存在感を発揮するほど，地域青年団，地域婦人会組織の担い手となっていたこと。第四に，地域スポーツ，文化活動の普及に一定の役割を果たすような環境整備を炭鉱産業が進めていたこと。第五に，地域によっては各種の自主活動が可能となる物理的環境を炭鉱産業が保障し，施設整備を進めていたこと。第六に，炭鉱の経営規模にもよるが，労働者の福利厚生策と地域社会教育基盤整備が一体的に進行していたことである。

②地域社会教育の条件整備と炭鉱

　たとえば，三井系炭鉱の三井山野炭鉱があった稲築町（現嘉麻市）の場合，文化環境整備の観点から注目されるのは，1957年12月に開館した山野会館（三井山野総合会館）である。ここは映画上映，音楽会，関係炭鉱の敬老会，婦人会などの活動拠点にも利用され，通常は映画が上映されていた[19]。また，各種文化団体の活動も活発で，職域を基盤に「三井山野混声合唱団」（1955年2月開始），「三井漆生ママさんコーラス」（1957年6月29日発会），「山野うたう会」（1958年6月発会）が存在したほか，「レコードコンサート」（三井漆生社宅の個人宅で開催）なども行われ，三井山野鉱を中心に俳句の会やカメラクラブも存在した[20]。さらに，野球，陸上，柔道，剣道，登山，

産業再編下における地域社会教育の展開と地域づくりの課題 ｜ 115

弓道など各種地域スポーツ活動も盛んに行われた[21]。

　一方で，小竹町では次のような状況が認められる。例えば，「小竹町のスポーツは昔から盛んであったがそのスポーツ行事は，石炭産業の栄枯盛衰に比例した石炭に依存した町特有の現象を示した。とくに伝統のあった分館対抗野球大会は青年層の流出により一時中断せざるを得ない状態までなった」[22]とされ，地域スポーツと炭鉱産業の関わりがみられる。また，同町の古河鉱業所（炭鉱）には炭鉱短歌サークル「やまの音」が存在した[23]。

　添田町の場合，子ども会の結成に炭鉱との深い関わりがあった。「特に上添田子供会は昭和二十四年…組織され，又古河鉱業所峰地炭鉱地区では，戦後結成されたが，両者とも他に先んじて立派に運営されていた」[24]，また「（昭和27，28年―引用者）当時最も盛んに活動していた，峰地一坑其他の峰地炭鉱関係の子供会と，…上添田子供会」[25]という記録もあり，炭鉱関係地区の子ども会活動の活発さがうかがえる。

　産炭地において，地域社会教育基盤整備の過程をみる際，会社の福利厚生施設の整備状況との関係は看過できない。ある程度の経営規模を有する炭鉱が地域に存在した場合，稲築町と同様の事態が進行していた可能性が高い。添田町の場合も，古河鉱業株式会社大峯鉱業所（古河財閥系）が存在したことから，峰地会館（普段は映画上映。行事，会合，催し物のために利用），練心館（柔剣道場），洋裁所（峰地文化会の洋裁所。女性を主対象。），峰地クラブ（大広間１，小室３，付属の弓道場あり。峰地炭鉱倶楽部として利用。），公民館分館，図書館（峰地文化会の運営），保養所，集会所，運動施設として峰地グラウンド，テニスコート，相撲土俵場などさまざまな施設整備が進められていた[26]。峰地クラブは，生花，茶湯，料理講習，囲碁，将棋，謡曲，習字，珠算，演劇部，コンサート，写真例会，俳句会，短歌会などに利用され，附属の弓道場は練習場や地区大会会場として活用された。公民館分館は２室あり，峰地公民分館として諸行事が行われ，子ども向けの習字・珠算教室も開かれた。さらに集会所については，一坑，二坑，三坑の各社宅内に集会所を設け，社宅内の小集会，座談会，子ども会活動などで利用し，舞踊の練習なども行われた[27]。このように，三井系の大手炭鉱以外であっても，地域によっては，かなり精力的な地域社会教育基盤整備としての

116　第Ⅱ部　周縁から生まれる地域社会教育

施設整備が炭鉱の福利厚生事業の一環で進められていたとみられる。

　このようにみてくると，産炭地社会教育の展開がすべて炭鉱産業に依存していたかのように思える。しかし，そうであったとは容易に断定できない。むしろ地域では，①会社の福利厚生策の一環として住民の学習・文化環境の基盤整備が進められるとともに，②社会教育行政による公民館体制の整備も進められたと理解しておくのが妥当である。筑豊の各自治体では，中央公民館と自治公民館を中心とした公民館整備が進められ，地域によっては公民館での各種講座も行われていた。その意味で，産炭地域社会教育の基盤は炭鉱産業の福祉厚生策と社会教育行政の入れ子上の関係にあったといってよいだろう。これは産炭地社会教育の特質の一つである。そして，炭鉱産業の再編はこの入れ子上の関係を壊したとみることができる。

⑵　産炭地社会教育の変容プロセス

　冒頭で確認したように，当たり前に働き，賃金を得て，普通に生きていくことが難しくなる地域の条件下において，社会教育の展開と地域づくりの課題をどのように考えておけばよいのだろうか。そして，こうした過去の出来事からどのような教訓を導き出しておけばよいのだろうか。以下ではこれまでの産業再編下の産炭地・筑豊地域の検討を踏まえながら，産炭地社会教育の変容プロセスを視野に入れ，上の問いについて考察を進めたい。

　炭鉱地帯といっても状況はさまざまであり，後にベッドタウン化に成功した地域も少なくない。同じ産炭地のなかでも筑豊地域は生活保護受給者の増加，人口減少，高齢化など，福祉的な課題が山積した地域の一つである。

　このような筑豊地域の状況を踏まえると，産業再編が進む中での社会教育と地域づくりの困難が浮かび上がってくる。前提となるのは，産業の再編が進み，その産業に代替する産業基盤が育たなければ，人口は減少し，生産年齢人口の転出が加速化し，地域での高齢化が進むということである。それでも残った人々はその地域で暮らしを営む必要がある。

　産業再編にともなって地域の経済環境，就労環境，住環境が厳しくなる中で，子どもの学校や地域での過ごし方は容易に問題化され，対応の方途が探

られるが，地域の成人にとってはまずもって就労問題が重視され，社会教育や学習環境の整備どころの状況ではなくなる。少なくとも，筑豊地域の産業再編下の社会教育はこうした問題に直面することになったと言える。

　その一方で，その困難な状況ゆえに学ぶことで問題状況を変革し，地域を変容させる動きも出てくる。その典型が筑豊の識字運動である[28]。

　福岡県川崎町[29]の識字運動はこれまでにも注目されてきた経緯がある[30]。川崎町の識字運動は炭鉱の斜陽化が進むなか，炭鉱閉山後に活動を開始したものである。識字運動は識字運動単独で進行したのではなく，部落解放運動と炭鉱閉山後の地盤沈下・土地の陥没の復旧のための鉱害闘争と識字運動が相互に連動することで進められたものであり，部落差別の克服を目指しつつ，生活条件と教育・学習条件の改善を目指す営みであったといえる。この識字運動はその後，就学前教育の拡充を目指した保育所づくりや義務教育費無償化運動へと展開し，町内の教育条件の全体的な向上を目指す動きへと連なっていく[31]。識字運動から連続する動きとは，自らにとって望ましい地域とはなにかを考え，その実現に向けて動いていこうとする住民たちの連帯行動であり，生きやすい生活条件を整える，地域づくりの側面を有する取組みでもあったといえる。

　ここには社会教育職員の関わりなど公的社会教育の十分な関与はみられない[32]。しかしながら一連の動向には，住民主体の学びの足跡とその学びの成果が地域の教育条件の変革に接続していく過程もまた見出されるのである。

　産業再編が進む地域では，まず基幹産業が残した負の遺産と向き合う必要が出てくる。川崎町ではそれは炭鉱が残した鉱害問題であった。この場合，直接的な影響を被ったのは厳しい生活条件にある住民たちであった。川崎町の識字運動が単に文字の獲得にとどまらず，地域づくりへと接続し得たのは，地域社会において困難を抱える人々が連帯できたからであり，困難を抱える人々が中心となりながら状況を変革しようとしたからであろう。

　高度経済成長期の産炭地・筑豊地域の出来事から導き出し得る教訓とは，厳しい状況にある人々がいかに連帯関係を構築しながら，学習を通じて状況の変革を目指していけるかが鍵となるということである。それは結果として，地域の状況を変えることとなり，望ましい地域づくりへと発展していく

可能性がある。これは今日の社会教育と地域づくりの課題を考える上でも重要な一つの論点となり得るのではないだろうか。

おわりに

　産業再編下における川崎町の識字運動から展開する一連の動きを，住民自らが望む地域づくりに向かう動きと捉え，最後に検討を進めてきた。このことからあらためて，社会教育の展開と地域づくりの課題について触れておきたい。産業の再編が進む際，移動の容易な住民は地域を去っていく。地域に残るのは，移動が困難であるか，もしくは自ら残ることを主体的に選択できた住民である。川崎町の場合，識字運動の中心となったのは前者の住民であろう。その地からの移動が難しいからこそ，その場所をよき場所へ，暮らしやすい場所へ組み換えていかねばならない。こうした思考が識字運動の先まで住民たちを突き動かしていったのではないかと考えられる。であるとすれば，今日問われるべきは，こうした思考がどう実際の行動と実践に結びつき得るのか，また，行動と実践に至る連帯をどう地域で実現していくのかという点ではないだろうか。

　基本的社会条件を異にし，2020年代が目前に迫る今日の日本社会において，時代状況の異なる一地域史を参照しながら「社会教育の展開と地域づくりの課題」を今日問う必然性とは何かという疑問も残るだろう。しかしながら，地域の貧困化や産業基盤の解体という地方の現象は，今日，東京を除く地方都市では同時多発的に進行している事態とみて差し支えない。

　石炭から石油へのエネルギー転換によってもたらされた炭鉱産業の再編を，工業化社会からポスト工業化社会への移行の入り口の問題であったと捉えるならば，今日の日本社会はその入り口から遥か遠くに進んで来たようにみえる。しかしながら，今日進行する事態，すなわち貧困問題の顕在化はむしろ，入り口の時点から長らく存在していたのであり，高度経済成長期には局地的な現象に過ぎなかったものが，ようやく今日実感をともないながら多くの住民に受け入れられつつある状況になってきている。

　かつて，産業構造の劇的な変化を余儀なくされる中で，住民を主体とする

社会教育がどのような変容を遂げたのか，そして，労働者の就労基盤が解体し，暮らしと生活が破壊される中で，地域はどのような変化にさらされ，地域社会の再編にともなう地域づくりが進行したのか，こうした諸問題の継続的探求が引き続き求められる。産炭地に限らず，かつての困難から希望を読み解く作業が今日求められている。

【註】

1）たとえば高度経済成長期の農村部への関心は日本社会教育学会年報である日本の社会教育第6集（日本社会教育学会編『農村変貌と青年の学習』国土社，1961）がその典型であり，他方，都市部への関心がみられる研究には日本の社会教育第13集（日本社会教育学会年報編集委員会編『都市化と社会教育』東洋館出版社，1969）などがある。

2）中澤秀雄・嶋﨑尚子編著『炭鉱と「日本の奇跡」』青弓社，2018。

3）永末十四雄『筑豊　石炭の地域史』日本放送出版協会，1973，p.188。

4）花香実「労働組合の教育活動―六〇年代の動向と問題―」倉内史郎編『労働者教育の展望　日本の社会教育第14集』東洋館出版社，1970，p.100。

5）同上，p.102。なお花香は三池労組の教育・学習活動に注目する理由を，「…それが，戦後我国の労働者教育運動の歴史的な到達点であったこと，そして，当時もっとも整備された組織形態と熱意ある継続的な取組がそこにあったことによるということができ」ると指摘している（pp.101-102）。

6）産炭地の公共職業訓練の動向に注目した例外的な研究として，古賀晧生の研究がある（古賀晧生「北九州の労働者の教育―職業訓練をめぐる一考察―」倉内史郎編『労働者教育の展望　日本の社会教育第14集』前掲書，pp.191-205）。古賀は未就業の労働者を対象とする「職業訓練」教育の研究を進める理由の一つに「北九州の地域的性格」を挙げ，「…鉄鋼を中心とした大装置工業とその下請中小企業からなる産業構造をもち，他方では，産炭地筑豊ともども「失業多発地帯」「失業恒常化地帯」とさえいわれる地域だからである」（p.191）とその理由を説明する。ここでは，北九州市と筑豊地域の検討が進められている。

7）黒沢惟昭『生涯学習とアソシエーション：三池，そしてグラムシに学ぶ』（社会評論社，2009），黒沢惟昭『現代市民社会の教育学』（明石書店，2014）など。

8）この他にも旧産炭地・筑豊地域の公民館の実態に注目した研究が存在する。たとえば，宇佐川満は自治公民館と地域自治組織の関係に言及する際に，産炭地・筑豊地域の

自治体の動向に触れている。その際，「初期構想をもっとも忠実に実行した福岡県は，同時に全県的に公立公民館―分館網を早くから発足せしめた地域でもあった。ところが産炭地域としての本町のように，わが国経済の高度成長や技術革新の進行の中で斜陽化し，おき去りにされつつある地帯で，公立分館から部落公民館へと名称をかえ，実質的には初期公民館のスタイルを復活させている」と述べている（宇佐川満「住民組織と公民館―地域の変貌と公民館の再編―」日本社会教育学会年報編集員会編『都市化と社会教育　日本の社会教育第13集』前掲書，pp.179-180）。

9）上野英信『追われゆく坑夫たち』岩波書店，1960。

10）田浦良也「石炭産業の崩壊と筑豊経済の変貌」平分元章・大橋薫・内海洋一編著『旧産炭地の都市問題―筑豊・飯塚市の場合―』多賀出版，1998，p.67。

11）時井聰「筑豊地域における産業と雇用の問題」同上，p.121。

12）川野重男・田代元弥・林部一二・藤原英夫・吉田昇編『社会教育事典』第一法規，1971，p.159。

13）保田井進『福祉社会を支える主体形成』ミネルヴァ書房，2002，p.54。

14）筑豊石炭礦業史年表編纂委員会編『筑豊石炭礦業史年表』西日本文化協会，1978，p.559。

15）同上，p.561。

16）高橋正雄編『変わりゆく筑豊』光文館，1962，pp.189-190。

17）林正登『炭坑（ヤマ）の子ども・学校史』葦書房，1983，pp.290-291。

18）同上。

19）永富定美編『稲築町誌』稲築町，1959，p.574。ここには山野会館に関して「…館内のスマートさは大都市の一流劇場に匹敵する」（同）という説明がある。

20）同上，pp.575-579。

21）同上，pp.579-582。

22）小竹町史編さん委員会編『小竹町史』小竹町，1985，p.1333。

23）同上，p.1369。

24）金子七郎編『添田町誌』添田町，1959，p.552。

25）同上。

26）同上，pp.359-361。

27）同上，pp.360-361。

28）部落解放同盟川崎町連絡協議会『『あいうえお』からの解放運動』たいまつ社，1976。なお，本書「序にかえて」では「ご承知のように，石炭産業の合理化という棄民

政策によって，筑豊は切りすてられました。残されたのは，失業と貧困と鉱害（石炭採掘による地盤沈下の被害）であり，川崎町もその例にもれません。ほんの数年前までは，炭鉱で働けばメシが食えたし，わたしたち川崎の部落大衆もそのほとんどが炭鉱とかかわって生きてきました。しかし，いま，町内にあった二七の炭鉱は全て閉山され，残されたボタ山さえもとりくずされ，ぺんぺん草が生えています」というように本町と炭鉱産業との関わりが説明されている（同，p.2）。

29) なお川崎町の場合も筑豊地域の他自治体と同様，地域の学習・文化環境への炭鉱産業の強い影響がみられる（川崎町史編纂委員会編『川崎町史』下巻，川崎町，2001，pp.695-711）。

30) 日本社会教育学会年報編集委員会編『国際識字年と日本の識字問題　日本の社会教育第35集』東洋館出版社，1991。農中至「生活課題解決に向けた住民の学習に関する歴史的考察―旧産炭地・筑豊地域の生活保護問題を中心に―」『日本社会教育学会紀要』No.48，日本社会教育学会，2012，pp.21-30。

31) 部落解放同盟川崎町連絡協議会『『あいうえお』からの解放運動』前掲書。

32) 住民組織の育成や住民のエンパワーメントに，公的社会教育の十分な関与はみられないものの，学級の運営を進める中で公民館に交渉にいった結果，地域婦人学級予算として活動予算を獲得している（同上，p.87）。なお，川崎町社会教育課の関与がみられるようになるのは，1970年4月以降のことである。社会教育課に同和教育担当者が置かれ，識字学級と重なり合う解放学級の運営に社会教育課が関わりをもつようになった（同上，p.63）。

第Ⅲ部

暮らしと文化の
継承・創造

公害記憶の継承と社会教育

—ホイニキ市郷土博物館「チェルノブイリの悲劇」展示室訪問から—

安藤 聡彦

—— 「過ぎ去っても終わっていない[1]」（エリアス・カネッティ）

はじめに

　今年（2019年）3月，筆者は研究仲間たちと茨城県東海村を訪れた。目的の一つは，20年前の1999年9月30日に発生した「東海村JCO臨界事故」がいま現地でどう伝えられているのかを知るためだった。この事故は，住友金属鉱山の子会社であるJCOにおいて，ウラン加工の作業中に臨界が生じ，その被曝のために作業員3名のうち2名が亡くなり，1名が重症，さらに666名が被曝した事故である[2]。事故被曝のために死者が出たことはもとより，事故施設から350m圏内住民の避難要請や10km圏内住民の屋内退避要請など，日本の原子力開発史上「前例のない大事故[3]」であった。

　JCO東海事業所を訪問し，管理事務所で簡単な説明をきいた上で，ヘルメットをかぶり現場へ向かう。広い敷地内を歩くこと5分ほどで事故現場に到着した。

　　バケツで7杯目。最後のウラン溶液を同僚が流し込み始めたとき，大内はパシッという音とともに青い光を見た。臨界に達したときに放たれる「チェレンコフの光」だった。その瞬間，放射線の中でもっともエネルギーの大きい中性子線が大内たちの体を突き抜けた。

124 ｜ 第Ⅲ部　暮らしと文化の継承・創造

被曝したのだった。

　午前10時35分，放射線が出たことを知らせるエリアモニターのサイレンが事業所内に鳴り響いた。

　「逃げろ！」

　別室に移っていた上司が叫んだ。大内は急いでその場を離れ，放射線管理区域の外にある更衣室に逃げ込んだ。と，その直後，突然嘔吐し，意識を失った……[4]。

　当該事故は国際原子力事象評価尺度で「レベル4」であったとされる。日本国内では2011年の福島第一原発事故（レベル7）に次ぐレベルである。だが，現場にはそのような大事故の記憶を留めるものは全く何もなかった。「この事業所のどこかに，亡くなられた方々をお弔いするような場所はあるのですか」と尋ねてみたが，対応してくれたJCO職員は首を横にふった。あの事故については，茨城県による報告書をはじめすでに数多くの出版物が出されています，事故の詳細についてはそれらを参照すればわかるはずです，あの事故で排出された廃棄物をここで永久に管理保存することが私たちの仕事です，と。

　翌日私たちは，事故当時東海村村長であった村上達也さんに話を伺った。村上氏は，当日何がおこったのか，それに対してご自身が何を考えどう行動されたのかを克明に話して下さった。そのうえで前日私たちが事故現場で出会った現実への驚きを伝えると，次のように語られた。

　村長としての3期目のときに人に誘われてカザフスタンに視察に行ったら，あそこにはセミパラチンスクがあって，当時の建物や見晴台がそれはそれで残してあるわけです。人類の負の遺産として。

　その旅行から帰ってきたら，JCOの事故が起こった施設を全部解体してしまうという話が入ってきたので，私は「だめだ」と言ったんですね。日本最初の原子力事故を起こしたものは後世に残さなければならないと。でも，議会のなかには「そんなもの気持ちが悪いから，早く解体してしまえ」という声もありました。全村アンケートもやって，住民に

は文章で意見を書いてもらいました。一方，JCO のほうは，施設は放射能はおびているから早く解体しドラム缶に入れて管理したいと言うわけです。残すというのが必ずしも多数にはならなかったので，結局つぶすことにしました。ずいぶん保存のために努力したんですけどね。でも，そのかわり，将来復元できるような形で解体し保存してくれということをお願いしたので，JCO ではそういうふうな形で保存しているはずです[5]。

　現在，東海村では，公益社団法人茨城原子力協議会が運営する「原子力科学館」[6]の別館の一角に「JCO 臨界事故展示」があり，事故現場となった沈殿槽の原寸模型や事故後の関係者の動きについてのパネルなどが展示されている。そこでは，「記憶と記録を継承する」としてさきの村上村長や消防署員，村民らの証言映像を観ることもできる。だが，あの事故の記憶を「後世に残す」ためにはこのささやかな展示で十分なのだろうか。

　地域づくりにとって公害問題はつねに多様な課題を投げかけてきた。公害の未然防止，規制や撲滅，被害者の救済やコミュニティの回復，そして環境の再生などがそれである。だが今日，この東海村の事例のように「公害記憶の形成」が新たな地域課題として浮上してきている。そこで本稿では，この新たな課題と社会教育とがどのように関連するのかを検討してみることにしたい。

1．求められる「公害記憶の継承」

　日本において公害問題が社会問題化して半世紀あまりが経過した。言うまでもなく，公害問題は現在進行形であり，公害病患者に認定されているにせよ，そうでないにせよ，現時点で10万人単位の人々が公害病のためにさまざまな苦痛や負担を日々余儀なくされている[7]。だが，同時に，公害問題は「過去化」されつつもある。筆者のまわりにいる大多数の大学生たちにとって公害問題とは「教科書に少し出てきた」「過去の」問題となっている。マスコミにおいても「公害」が言及される機会は減ってきているのではないだ

ろうか[8]。

　こうした状況において，公害の記憶と記録を継承することを目的とする公害資料館が，とりわけ2000年代に入って全国各地で設立されてきていることが注目される。以下に，主な施設とその設立年を列記してみよう。

・1976年：清流会館（イタイイタイ病対策協議会）
・1988年：水俣病歴史考証館（財団法人水俣病センター相思社）
・1993年：水俣市立水俣病資料館（水俣市）
・2002年：新潟県立環境と人間ふれあい館（新潟県）
・2002年：北九州市環境ミュージアム（北九州市）
・2006年：西淀川・公害と環境資料館（財団法人公害地域再生センター）
・2012年：富山県立イタイイタイ病資料館（富山県）
・2015年：四日市公害と環境未来館（四日市市）

　これらの施設は，設置主体こそ民間団体や地方自治体と異なっているが，その目的は「水俣病に関する資料を収集・保存し，水俣病問題の教訓を後世にいかして，環境問題への情報発信に資するため」（水俣市立水俣病資料館条例，1994年），「西淀川公害に関する資料を中心とする公害・環境問題に関する資料・文献等を収集・整理・保存し，それらを永く後世に伝えるとともに，これらを公害の歴史を解明し，また住みよい地域環境を構築するための参考資料として生かしていくため」（西淀川・公害と環境資料館規定制定のための要綱，2006年），「イタイイタイ病が二度と繰り返されることのないよう，貴重な資料や教訓を後世に継承するとともに，困難を克服した先人の英知を未来につなぎ，もって環境及び健康を大切にする県づくりに資するため」（富山県立イタイイタイ病資料館条例，2011年）など，いずれも公害にかかわる記録と経験・教訓の発信及び後世への継承におかれている[9]。近年，公害のみならず戦争やテロ，疾病，災害など人類の「負の記憶」の保存と継承が国際的に課題となっている。ユネスコ世界遺産センターが昨年発表した『記憶の場の解釈』と題する報告書は，「遺産」（heritage）の再解釈に

当たっては多様な集団がある場所に対して抱く「連想価値」（associative values）を考慮に入れ，その結果その場所を「過去にそこにおいて起こった出来事のために歴史的，社会的，文化的重要性を付与されている場所」である「記憶の場」（Sites of Memory）として捉えることの必要性を提起している。報告書は，「記憶の場」が広範な記念の場を含みうることを示唆しつつ，「その場についての解釈によって困難な事態や論争が引き起こされうる」事例として次のような場を挙げている。

＊戦跡（戦場，戦没者墓地）

＊人権に対する虐待の場〔差別（人種，民族，宗教，ジェンダー，少数者）／奴隷制／人間性に対する犯罪（ジェノサイド）／戦争犯罪，大量殺人／民族浄化，強制追放者／植民地における抑圧／強制労働，労働搾取，年季奉公／独裁のもとでの犯罪，自由な発言の抑圧，国家関与のテロリズム，拘禁・強制収用・監禁の凄惨な状況〕

＊逃亡や避難の場所（マルーンの場所，アメリカの「地下鉄道」，アンネ・フランクの家）

＊達成を祝福する場所（名高い活動家たちの家，レジスタンスの場所，和解や平和構築の場所）

＊計画的に遺産が破壊されたことを記録する場所（バーミヤン，パルミラ，トンブクトゥ，モスタル）

＊その他[10]

公害被害地域は「人権に対する虐待の場」と言いうる[11]。そうした場の有する記憶の継承を目的として設立された公害資料館という新たな文化装置に，今日私たち社会教育研究者はどう向き合えばよいのだろうか。それはホロコーストをめぐる一連の論争を通してとりわけドイツでせり上げられてきた「想起の文化」[12]の形成という課題に教育（研究）者がどう対峙すべきか，という問題と連接するものであると理解することができるだろう。1960年代半ばにスタートした「公害教育をめぐる社会教育研究」は，こうした公害資料館の各地における設立と2011年の福島原発事故という二つの事態に直

面して新たな展開が求められている[13]。これは，「地域づくりと社会教育」という関心に即して言い換えれば，「人権に対する虐待」を経験した地域において「記憶の場」としての地域づくりをどう進めるべきか，そこにおいてどのような学習の組織化とその環境整備が求められているのかを探求する営みとなるであろう。本稿では，1986年のチェルノブイリ原発事故によって甚大な被害を受けたベラルーシ共和国にある一つの郷土博物館に注目し，原子力公害事故[14]が繰り返される今日における公害資料館の果たす役割について考えてみたい。

２．ホイニキ市郷土博物館「チェルノブイリの悲劇」展示室を訪問する

　ベラルーシの首都ミンスクから広大な平原を車で走り続けることほぼ5時間，国境をはさんでウクライナと接する小都市ホイニキに到着する。チェルノブイリ原発はこの町の中心部から直線距離にして60キロほどのところにあるので，1986年4月26日午前1時23分の4号炉の爆発事故によってこの静かな農村は破壊的な影響を受けることになった。訪問のたびにお世話になった副市長ジャンナ・チャルニャヴスカヤさんの執務室にはホイニキの地図が貼ってあったが，それは現時点においてこの町のほぼ南半分が「ポレーシェ環境保護区」という名の立入禁止区域となっているほか，かなりの面積が同じように人の出入りが制限されている場所となっていることを示していた。事故前に市内に99あった村のうち51は廃村となり（そのうち49の村は「埋葬」された），人口は4.5万人から1.3万人弱へと減っているという。

　この町にチェルノブイリ原発事故についての展示を行っている博物館があるということを教えてくださったのは，いつも秀逸な通訳をしてくださる古澤晃さん（ベラルーシ国立大学）だった。ウクライナには首都キエフに立派な国立のチェルノブイリ博物館があるのだが，ベラルーシにはそれに比肩しうるような記念館は存在しない。ホイニキが属するゴメリ州の州都ゴメリ市には，非常事態省チェルノブイリ原発事故被害対策局管轄のチェルノブイリ原発事故記念館があるが，事故直後に消火活動にあたり命を落とした消防士たちの顕彰など限られた内容になっている。原発の至近の位置にあるこの

公害記憶の継承と社会教育 129

町でどのような展示がなされているのかまことに興味深く，早速行ってみることにした。

　ホイニキ市郷土博物館は，市役所からやや離れた運動公園の近くにあった。かつてこの地域の領主の館であったという博物館の建物は，最近改修されたということもあって瀟洒なたたずまいであった。ソ連時代にはコムソモールの宿舎になったり学校になったりし，1982年に正式にこの町の郷土博物館になったのだという。博物館は1階に石器時代から現在に至る地域史の展示がある。一見するとどこにでもありそうな展示に見えるが，地域の自然の展示が「ポレーシェ放射線環境保護区」という独特の生物相[15]の解説になっていること，「大祖国戦争」（第二次世界大戦）中のナチスによる占領とパルチザンによる抵抗運動や「アフガン戦争」へのこの町からの出征に大きなスペースが与えられていることなどは，この地域やベラルーシの現代史が有する固有の痛みを記憶するものとなっているように見えた。

　「チェルノブイリの悲劇」展示室は，こうした一般展示を見終わりゆったりとした階段をあがった2階にあった。いったい何のために彼らはこの展示室をつくったのだろうか，またその展示室はどのような役割を果たしているのだろうか。この展示室への訪問[16]の中で筆者自身が見たこと，新旧の館長や研究員の皆さんにお伺いしたことをもとに，それらの問題について検討してみることにしたい。

・開設に至る経緯

　そもそもこの展示室はどのような経緯で開設されることになったのか。そのプロセスを前館長のガツコさんは次のように説明してくれた。

　　私は事故が起こったときには，この町の教育局で働いていました。2004年に市長から呼び出され，この展示室をつくる準備を始めることになりました。はじめは手工芸会館の部屋を使い，その後ホテルに間借りして，2012年にこの場所に引っ越してきました。
　　最初に取組んだのは，無くなった村の情報を集めることでした。イン

タビューもたくさんやりました。とくにすばらしかったのは，移住者の皆さんでした。開設のことを知って展示室にやってきては，思い出を話してくれたり様々な資料を寄付してくれたりしました。2007年頃からは年に1，2回移住者の集まるイベントを実施したのですが，たくさんの方がやってきて涙を流しながら話してくれました（2016/11/26）。

　なぜ市長が2004年に展示室開設をガツコさんに指示したのかは明らかではない。事故後20周年の2006年に向けてチェルノブイリ政策は事故対策から復興へと大きくシフトしつつあったから，その過程で「記憶の継承」も政策課題として浮上してきたのかもしれない[17]。いずれにしても興味深いのは，展示室が開設される過程において人々の記憶が資料として蓄積されていったことである。移住者たちのイベントでは録画や録音がなされた。また彼らは写真や手紙やら，様々な資料を持ち寄り，それらを博物館に寄贈してくれた。ホイニキの住民や移住者たちの「チェルノブイリの悲劇」をめぐる「コミュニケーション記憶」は展示室の開設という一つの記憶実践を通して「チェルノブイリの悲劇」展示室を形づくる資料，あるいは展示室そのもの，という「文化的記憶」へと変換されたことになる[18]。

・何がどう展示されているか

　では，この展示室には何がどう展示されているのか。

　入口を入ると，すぐ左側に爆発によって壁面が吹き飛んだチェルノブイリ原発4号炉の大きな絵がかかっている。オレゴ・ハズリコという地元画家によるものだという。その横には，「1986年4月26日　午前1時23分40秒」という爆発時刻が書かれ，消防服や防護服，避難過程にある人々の写真，除染を指示する手書きの命令書，などが展示されている。それから大きな机，事故直後にホイニキに置かれたベラルーシ社会主義ソヴィエト共和国事故対策本部において陣頭指揮に当たったグラホフスキーが使っていたものだという。消火活動に当たって急性放射線障害で命を落とした消防士たちについての詳しい履歴（そのうちの一人イグナチェンコは隣町ブラーギンの出身で，ホイニ

公害記憶の継承と社会教育 131

キで働いた後，チェルノブイリで仕事をしていた），甲状腺癌等を患って入院した子どもたちの写真，高濃度汚染地域に入り込みつつ測定活動をし続けた退役軍人カユーダの遺品，汚染地図，放射線環境保護区の写真，事故を経験した住民や移住者たちの日記や手紙・回想録・写真（深い皺をたたえた老婆の悲しみにくれたまなざしのなんと哀切であること！），ホイニキ周辺の風景画，事故に関する調査報告書類や文学の数々（ノーベル文学賞を受賞したアレクシェーヴィッチの『チェルノブイリの祈り』もあった）が静かに並べられている。天井からつり下げられているプレートには，「埋葬された村」の名前が書かれ大きく赤い「×」印がつけられている。そして，出口にほど近い壁には，蝶を手にした可愛らしい少女や草原で抱き合うカップル，伝統行事を楽しむ若者たちなどの写真が掲げられている。

　2017年に訪問した際，同行したあおぞら財団の研究員・栗本知子さんは，これらの展示を見終わって「これは，当事者たちの視点にたった展示ですね」と指摘された。たしかに，そこには被害の実態をめぐる膨大なデータもなければ，事故原因についての詳しい解説もない。「チェルノブイリの悲劇」はあの日あの時に始まり，〈私たち〉にはかりしれない苦痛と悲嘆をもたらし，それに対して〈私たち〉は途方もない忍耐と犠牲，努力を払ってきた。そして，今ようやくこの地域は息吹を取り戻し，命の連鎖が再び紡ぎ出されつつある。この展示室は，「膨大なデータ」や「詳しい解説」のような「蓄積的記憶」を排し，「特定の集団とつながり，選択的性格，価値に拘束されていること，そして未来に向けられていること」を特徴とする「機能的記憶[19]」を刻み込んだ場所としてホイニキの町の真ん中に存在しているのである。

・誰がここを訪れるのか

　この展示室を訪れるのはどのような人々なのだろうか。年間の利用者は3500人くらいという（2015年時点）。現在の住民はもとより，移住していった人たちが墓参りのために里帰りしたときに立ち寄ることが多い。海外の写真家が写真を探しに来たり，ジャーナリストや学生が資料を求めてやってくることもあるという。国内のさまざまな学校から子どもたちが訪れることも

132　第Ⅲ部　暮らしと文化の継承・創造

あり，とりわけ地元の学校とのかかわりは強いようだ。

　30代以上の方ですと，ある程度当時のことを憶えているので，子ども
たちに話してもらいます。移住者の方が来られることが予めわかってい
る場合には子どもたちに集まってもらい，どんなことがあったのかを聴
いてもらうこともあります。ガツコさんが学校に呼ばれて話すこともあ
りますが，この部屋で聴いてもらうことに意味があると考えています
（2017/11/24）。

・解説者の役割

　この博物館では，2015年時点で11人が働いており，そのうち３名が研究
員，２名が保存専門職員，１名がガイド，であった。とりわけ訪問者にとっ
ては，ガイドや専門職員が行ってくれる解説の役割がすこぶる大きい。

　2017年訪問時に解説をしてくれたのは，新任研究員のアナスタシアさん
だった。彼女はゴメリ大学に新設された「歴史文化財保全」コースの２回目
の卒業生，文字通りの専門家であった。解説は展示に様々な物語を付与する
ことにより，私たちの想起する力を刺激する。例えば，上述のグラホフス
キーの机の前で，彼女はこんな話をしてくれた。

　グラホフスキーは，86年の５月から９月までこの机で仕事をしていま
した。彼はミンスク（中央政府）の指示を待たずにさまざまな決定を
行っていたのです。それがどんなに危険なことであるかを彼は十分理解
していました。91年に彼は亡くなったのですが，この地域の人たちは彼
がいたからこそ被害が小さくてすんだことを知っています
（2017/11/24）。

　ごく普通の木製の机が，彼女の言葉によって，空前の大事故と巨大官僚シ
ステムとの狭間で苦闘した一人の男の戦場として立ち現れることになる。聞
き手が地元の住民かその関係者であれば，この物語は「私」をグラホフス

公害記憶の継承と社会教育 ｜ 133

キーによって守られた者たちとして再定義する契機となるだろう。また，聞く者が我々のような遠来の者である場合には，それは「現在までの事故の結末についての最も包括的な評価[20]」と宣揚する『チェルノブイリの遺産：健康，環境，社会経済への影響』（チェルノブイリ・フォーラム，2006年）のような権威化された「蓄積的記憶」に穴をあけ，「私はまだ何も知らない」という厳然たる事実に彼／彼女を連れ戻すことになるに違いない[21]。

アナスタシアさんは，「この展示室は，将来への生きた教訓として考えてほしい」と言う。

> この展示室にほとんど説明が無いことに，私も当初は驚きました。でも，訪問者はモノを感じ，モノと対話することによって学ぶことができるのだと思いますし，さらにガイドが話をすることでより多くのことを学ぶことができるのだと思います（2017/11/24）。

アライダ・アスマンは，「機能的記憶」が「過去を皆で自分のものにする可能性を含んで」おり，「〔過去を〕個人や集団で再び我がものとするプロセスを可能にする参加の構造が，重要な役割を果たしている」[22]と指摘する。解説者は，来館者に対して対話を通してこの参加を促す役割を果たしていると言うことができるだろう。

おわりに

前節では，ベラルーシのホイニキ市郷土博物館「チェルノブイリの悲劇」展示室の事例に則しながら，「公害記憶の継承」に果たす公害資料館の役割について検討を行ってみた。公害資料館という記憶の場の形成そのものが事故の記憶をめぐる新たなネットワークを生み出していること，その場では想起の学びに導くスタッフの役割が大きいこと，をみてとることができた。公害資料館の展示が結果的に公害問題の実態を覆い隠すことになる表象選択機能についてはつとに指摘がなされているし[23]，原子力公害のような「不可視性の政治」[24]が国際原子力共同体をとおしてはりめぐらされている世界にお

いては，この機能はよりいっそう強い力となって一つ一つの展示のあり方に
も影響を与えることだろう。それゆえ，ここでは解説者や教師など，批判的
な学びを組織化する専門家の役割がとくだんに重要である。

　本稿冒頭で見た東海村の風景は，原子力公害のようないわゆる「負の記
憶」をめぐって「記憶の場」としての地域づくりを推し進めることが容易で
はないことを示している。これはもとより東海村だけではなく，公害事件を
経験してきた全ての地域について言えることである。チェルノブイリ原発事
故によって国土の1/5が汚染地域となったベラルーシにおいて，ホイニキ
市郷土博物館のような場がほとんど存在していないということ自体がその証
左と言いうるだろう。であればこそ，この博物館の展示室をはじめ同様の課
題に取り組んでいる日本の公害資料館の存在に注目し，その場をどのように
「教育化」[25]してゆけばよいかを考えることは「地域づくりと社会教育」研究
にとってこれからきわめて重要な課題となるはずである。それは，晩年の大
田堯が夢みた「『ひとなる』ことの舞台としての社会的文化的胎盤[26]」づく
りへの一つのアプローチともなるにちがいない。

【註】

1）アライダ・アスマン『想起の文化：忘却から対話へ』，岩波書店，2019年，p.226より
　　重引。
2）「OECD-NEA 原子力災害損害賠償に関するワークショップでの村上達也東海村長発
　　言全文（仏・パリ，2001年11月28日）」，箕川恒男『みえない恐怖をこえて：村上達也東
　　海村長の証言』，那珂書房，2002年，p.275。
3）『ウラン加工工場臨界事故調査報告』，原子力安全委員会ウラン加工工場臨界事故調査
　　委員会，1999年，p.1（http://www.hiroi.iii.u-tokyo.ac.jp/index-genzai_no_sigoto-
　　JCO_jiko-anzeniinkai-hokoku-honbun.pdf　2019/5/15　最終閲覧）
4）NHK取材班『東海村臨界事故；被曝治療83日間の記録』，岩波書店，2002年，p.2。
　　ここで「大内」とは，99年12月21日に亡くなった大内久のことである。
5）村上達也へのインタビュー。2019年3月29日，東海村舟石川コミュニティ・センター
　　にて。「セミパラチンスク」とは，カザフ共和国の東北地域にある旧ソ連時代の中心的
　　な核実験場である。
6）この施設の原型は，1958年4月に開館した「茨城県立原子力館」であるという。

公害記憶の継承と社会教育｜135

（http://www.ibagen.or.jp/ibagen/index.php　2019/5/15　最終閲覧）日本各地の原子力開発にともなって設立・運営されてきた「放射線の基礎知識と原子力の安全等に関する幅広い知識の普及と啓発」（公益社団法人茨城原子力協議会「定款」）のためのこうした施設は，「原子力の社会史」研究と社会教育研究の接点として今後探求していくことが必要なのではないだろうか。

7）例えば，東京都には「大気汚染医療費助成認定患者」が2018年3月現在で約8万人在住している。東京都福祉保健局HP「大気汚染医療費助成認定患者数」欄を参照。（http://www.fukushihoken.metro.tokyo.jp/kankyo/kankyo_eisei/taiki/iryouhi/kanjasuu.html　2019/5/15　最終閲覧）

8）@niftyの「新聞・雑誌記事横断検索」システムを用いて，「公害」という文字をタイトルないし本文に含む朝日新聞の記事を1985年以降年ごとに検索し，5年ごとの平均値をとると，635件（1985-89），1316件（90-94），1318件（95-99），948件（2000-04），581件（05-09），476件（10-14），331件（15-18の4年間平均），である。ちなみに最高は1835件（1997），最低は278件（2017），であった。

9）全国各地にある公害資料館の連携を深めるべく2013年12月に「公害資料館ネットワーク」が設立され，以後毎年「公害資料館連携フォーラム」が開催されている。

10）*Interpretation of Sites of Memory,* The International Coalition of Sites of Conscience, January 31 2018, p.14（http://whc.unesco.org/document/165700　2019/5/15　最終閲覧）

11）「水俣病で死者をだし，患者を抱えて困りきっている人々を前にして『おれも水銀がのみたい』の『寝ていて蔵が立つ』の『金がおりたらいくら貸してくれる』のということは，あまりにも非情であり，残酷である。ところがこの残酷な行為が，熊本県の市中では，日常的に行われているから一驚する。」戒能通孝「水俣病と法律学」，同『公害の法社会学』，三省堂，1971年，p.106.

12）アライダ・アスマンは，「想起の文化」の特性を以下の「5つの前提」によって示している。「想起するとは，個人としてであれ集団としてであれ，人間の普遍的な特性である」「想起することは過去を現在化することである」「想起することは表現することを必要とする」「想起の文化の新しい点はその倫理的な枠組みにある」「想起についての言説は，批判的に自己を省察する機会をもたらす」。（前掲『想起の文化』「むすび：新たな想起の文化の諸前提」を参照。）

13）拙稿「公害教育をめぐる社会教育研究」，『社会教育学研究』第54巻，2018年，pp.96-97.

14）日本の公害研究は1970年代から「原子力公害」（宮本憲一『日本の公害』，1974年）を視野に収めてきた。なお，ジョン・ゴフマンらが1970年に刊行した 'Population Control' through Nuclear Pollution は宮本の本と同じ1974年に『原子力公害』というタイトルをともなって翻訳刊行されている。

15）ポレーシェ放射線環境保護区は1988年に誕生したウクライナ国境に接するベラルーシ国内の無人地帯。ウクライナ側の同様の地帯とあわせると総面積は4800㎢に及ぶ。ここでは，絶滅危惧種であるヨーロッパ・バイソンの導入・飼育などを通して，放射線環境と生物界との関係の調査が続けられている。詳しくは，マイシオ『チェルノブイリの森：事故後20年の自然誌』（NHK出版，2007年）を参照されたい。

16）2015年10月30日，2016年11月26日，2017年11月24日。いずれも研究仲間や学生・院生等との集団訪問の形を採用した。なお，本節で引用している関係者の語りは，現地での古澤晃による通訳を，必要に応じて適宜圧縮して用いている。

17）チェルノブイリ事故についてベラルーシ共和国政府が2006年に作成した報告書（20 Years after Chernobyl Catastrophe, Belarus, 2006, https://inis.iaea.org/search/search. aspx?orig_q =RN:37055000 2019/ 5 /15　最終閲覧）には「記憶の継承」に関連する記述は見当たらないが，2011年に作成した報告書（和訳：ベラルーシ共和国非常事態省チェルノブイリ原発事故被害対策局編『チェルノブイリ原発事故：ベラルーシ政府報告書（最新版）』，産学社，2013年）には，「原発事故の記憶の維持と後世への継承」という項目が存在している。

18）安川晴基によれば，「文化的記憶」論の提唱者ヤン・アスマンは「日常における人々の（口頭による）コミュニケーションと相互行為によって自然発生的に生まれる」〈コミュニケーション記憶〉と対比して〈文化的記憶〉を「各々の社会，そして各々の時に固有の，再利用されるテクスト，イメージ，儀礼の総体」であり，「特定の集団のアイデンティティを具体的に表していること」「再構成されたものであること」「メディアによって形づくられること」「制度化されていること」「拘束力があること」「反省的であること」を特徴とする，と論じているという。安川「文化的記憶のコンセプトについて：訳者あとがきにかえて」，アライダ・アスマン『想起の空間；文化的記憶の形態と変遷』，水声社，2007年，pp.562-566。なお，ガツコはこの展示室設立過程を『チェルノブイリの記憶』という本に自ら記録している。古澤晃による紹介（「図書紹介：ガツコ『チェルノブイリの記憶』（2011年）」，『ロシア・ユーラシアの経済と社会』No.1004，ユーラシア研究所，2016年）を参照されたい。

19）「機能的記憶」と「蓄積的記憶」については前掲『想起の空間』第1部第6章を参照。

公害記憶の継承と社会教育　137

20) Chernobyl Forum, *Chernobyl's Legacy; Health, Environmental and Socio-Economic Impacts and Recommendations to the Governments of Belarus, the Russian Federation and Ukraine,* Second revised version, 2006 (http://www.iaea.org/Publications/Booklets/Chernobyl/chernobyl.pdf　2019/5/15　最終閲覧)

21)「公害経験の継承」をめぐる清水万由子の以下の指摘は，解説者の役割を考える上でも示唆深い。「過去に意味を与えるのは現在を生きる人々である。そして，公害という近い過去の経験について，その意味付けはまだ揺れ動くものであり，むしろそうであるべきである。多様な公害の経験のされ方，つまり当事者一人ひとりの生活実践とその中にある公害を，一つひとつ聞き取ることが重要である。それを寄せ集めて，想像力をはたらかせて受け手の一人ひとりが自分につながる物語として描くこと，それを一人ひとりの生活実践につなげていくことが，今，公害という経験を継承することではないだろうか。」(清水万由子「公害経験の継承における課題と可能性」,『大原社会問題研究所雑誌』No.709，2017年，p.43)

22) 前掲『想起の文化』，p.22.

23) 平井京之介「『公害』をどう展示すべきか；水俣の対抗する二つのミュージアム」(竹沢尚一郎編『ミュージアムと負の記憶；戦争・公害・疾病・災害／人類の負の記憶をどう展示するか』，東信堂，2015年) を参照。

24) Kuchinskaya, O., *The Politics of Invisibility; Public Knowledge about Radiation Health Effects after Chernobyl,* The MIT Press, 2014.

25) 宮原誠一「教育の本質」，同『教育と社会』，金子書房，1949年，p.22.

26)「私はすべての人のもつ学習権を中心とする教育の質と視野とを拡げ，より広い空間，時間を場として行われるできものであるという観点に立って，人間の成長環境に『社会的文化的胎盤』という学習環境を考えてみました」と大田は記している (『大田堯自撰集成』第4巻，藤原書店，2014年，p.19)。

地域文化をめぐる社会教育研究の成果と課題

新藤 浩伸

はじめに

> 『地域と教育』の問題は，それが教育の問題である以上，単に政治的ないし法律的な問題としての，さらに経済条件とのかかわりでの権利の問題につきるものではない。こうした基底的な問題とかかわりながらも，なお広く文化の問題として吟味することが，教育という観点からすると，いっそう緊切であるといえるのである。[1]

大田堯は1967年の論文「地域と教育」の中で上記のように述べたが，本論もこの提起から始めたい。すなわち，文化の視点から教育，とりわけ社会教育と地域のかかわりについて，これまで示されてきた視点を確認しながら，これまでの蓄積と今後の探究課題を明らかにすることを試みる。

文化の問題が社会教育の文脈で本格的に議論されるようになったのは1970年代以降である。後述のようにもちろんそれ以前にも議論も実践もあったが，1970年代は，国と自治体の文化行政の進展，社会教育の「終焉」論，民間教育文化産業の伸長など，戦後社会教育のいわば「ほころび」が見え始めた時代であったともいえる。それ以降の研究と実践は，そのほころびに目を向け，新たなものをつくり出す試みの積み重ねであった。

まずはここでいう文化とは何かを問わねばならないが，社会教育研究にお

いて文化は，多くは「地域文化」として論じられてきたため，本論ではその蓄積を中心的に検討する。

1．これまでの研究から

社会教育研究において，地域文化も含めた文化の研究がどうなされてきたか。この問題は，日本社会教育学会30周年記念誌『現代社会教育の創造』（1988年）においてはじめて俯瞰的に整理された。その論点は，①芸術文化と人間形成とのかかわりを，社会教育の角度から究明しようとする，教育哲学的アプローチからの研究を主とする「芸術文化活動と社会教育」，②その多面的・実践的展開を分析の対象とした「地域住民の芸術文化活動」，③政策科学のアプローチであり，文化と政治との結びつきに基軸を移したいわば応用的問題である「文化政策・文化行政」とされている[2]。その後，同学会50周年記念誌でも論点整理がなされているが[3]，30周年記念誌での記述の延長上にあることから，本章の以下の記述も，同誌の整理をもとに，近年の研究を補いながら進めていく。

⑴　芸術文化活動と社会教育：原理研究

第一の視点は，現代の社会問題に対し文化の視点から市民がどう主体を形成していくか，という原理をめぐる問題領域である。「文化の問題は，いかなる意味での政治の問題と相渉らざるをえないか」[4]と北田耕也が述べるように，現代文化や政治問題との関連で文化活動を行う主体の自律性を探求する視点である。

このアプローチをみたとき，特に戦後において主要な潮流となっているのは，文化活動と政治との関係を問題にし，「抵抗」として文化のありかたをとらえる視点である。この研究の系譜は，文明論や政治の議論と関係しながら進められてきた。宮原誠一は「抵抗の意識に根をおろした表現活動」[5]と述べるほか，真壁仁は「日常生活の次元におこっている文化退廃への危機感と，意識の内部の侵蝕にたいする危機感」[6]という言葉で文化について論じ

140　第Ⅲ部　暮らしと文化の継承・創造

ている。さらに戦後社会にあっていち早く地域住民の芸術文化活動の重要性を認識し，疎開先の尾道での実践を展開した中井正一の「文化のたたかい」[7]という認識にも，抵抗の意識は見られる。

また，碓井正久は，「国家による社会統制手段としての社会教育編成」に対して「文化創造の主体形成のための社会教育編成」のあり方を提起する。碓井は，歪んだ社会統制作用が歪んだ人格の形成につながる可能性を指摘しながら文化活動を通しての主体確立を提起しており，ここにもやはり抵抗としての文化への視点をみることができる[8]。

これらの論点を集約的に考察し，理論化を試みたのが北田耕也である。『大衆文化を超えて』（1986年）では，第一に，地域における学習・文化活動を通して生み出される「民衆文化」を，「大衆文化」と対置させ，対抗的価値の創造の契機に注目する。第二に，「民衆の一人ひとりが文化の継承と創造において主体的な存在になるというのはどういうことか」と述べ，文化論と教育論の架橋を試みている。第三に，付与されることがある「政治における国民主権」に対して，獲得するしかない「文化における国民主権」という視点を示し，政治の問題との関連において文化活動を論じる。第四に，芸術文化活動の「教育的価値」に注目し，その価値について，自己表現と主体の確立，情念の純化と感情の救済，知の活性化，の三点を挙げる。さらに，芸術文化活動の社会的機能として，日常性の脅かし，「共」空間（感性の共同体）の創出，を挙げる。

また，北田は1970年代以降の文化行政の進展に対して，「『心の豊かさ』という要求は，人間の手段化と結びつく経済第一主義的価値観や産業化社会への批判意識として把握することができるであろうし，逆に，物質的基盤を不問に付したまま心の世界へ逃避する消極的な意識にも連結しうる」[9]と述べ，既存の権威や価値に対する批判意識を欠いた芸術文化活動がもつ保守的性格の側面を指摘する。社会学研究において佐藤郁哉も，「心の豊かさ」や「文化の時代」などのあいまいなキーワードで文化行政を推進してきたことの問題点を指摘しているが[10]，北田のこの指摘は，特に1990年代以降現代に至るまで続く，しばしばその政治性に自覚的でない文化政策論への根本的な批判を今も投げかける内容となっている。

地域文化をめぐる社会教育研究の成果と課題

さらに，北田の『自己という課題』（1999年）では，前著のテーマである「文化における国民主権」の問題を，軸足を文化論から教育論に移しながら掘り下げている。同書では，「研究の単位としての地域」（柳田國男）という視点から，「共同の知としての民衆理性が育まれる場所」，「民衆と社会の再生の連動の場」として地域を捉えた[11]。

なお，北田の思索の試みは，教育学の伝統的主題でもあり，社会教育法第三条にもある「教養」の概念をめぐってなされているとも言えるが[12]，「教養」の概念については，畑潤が古代ギリシャ思想の検討を通じて，北田が深めてきた「社会教育の哲学」ともいうべき領域を開拓する試みを続けている[13]。

これらの原理研究は，大衆文化や政策に対する対抗的価値としての市民の文化活動，という枠組みをとることで，市民の文化活動の自律性を主張しながら，また同時に，数多くの社会教育実践を生み出し，励ますものになってきた[14]。そして，「地域」は，そのような文化，すなわち地域文化が生み出される拠点として位置づけられてきた。

(2) 地域住民の芸術文化活動：実践研究

第二の「地域住民の芸術文化活動」は，知識人や芸術家なども加わる形で展開される，地域住民の文化活動の実践を分析する領域である。ここでは，実践の蓄積に比して，芸術文化活動の社会的機能や現代的意義，あるいはその教育的価値等に関する研究，歴史学の新しい動向に学ぶ形での地域における学習や芸術文化活動の歴史的研究，比較研究などが課題とされている。

この領域では，まずいくつかの通史的な研究がなされている[15]。そして，近年においては，自己教育的な文化活動の歴史，およびその中心的な人物の思想に関する研究が多くみられている。後述する佐藤の文化協同の実践研究のほか，終戦直後の京都人文学園の活動[16]，1950年代以降のうたごえ運動[17]，1960年代以降の親子文化運動[18]，などの研究が重ねられている。さらに，子ども文化運動の当事者による記録[19]，文化会館，劇場を舞台にした実践の記録[20]も注目される。これらの研究は，市民を主体とした歴史記述を積

み重ねることとなり，社会教育史や社会史，文化史への理解をより多面的，多角的なものにすることに寄与している。

　一連の研究の課題意識に注目すると，多くは，戦前期の自己教育運動の意義と限界，つまり文化統制の思想および政策との距離をはかりながら，民主的な自己教育理念をいかに築いていったか，という視点からのアプローチが多い。すなわち，社会教育実践において文化活動は，戦前期は自己教育もしくは民衆教化の手段として論じられ，戦後は，抵抗の契機としての文化運動，としてみる視点が多くとられてきた。

　一方で，いずれの時代も，政策と運動の関わりを問う視点は，近年に至るまで深められてこなかったとも言える。国家による民衆教化の歴史が影を落としていたこともあり，政策史と運動史は切り分けられ，社会教育実践の多くは，統制に対する自由の獲得の過程として論じられてきた。

　このような政策と実践を峻別する方法論が支配的であった歴史研究に対し，近年では反省的な視点もみられている。松田武雄は，社会教育史研究の方法論を検証する中で，「価値志向的な社会教育の本質論，概念把握」が支配的であったと述べる。その上で，「理論史，思想史と事実史とを交流させ」，「思想や概念と政策・行政および社会教育の実態的な基盤である地域の社会教育活動との相互規定関係に留意して，その全体像を明らかにする[21]」という方法意識のもと，「通俗教育」および「社会教育」概念の形成過程を，乗杉嘉壽や川本宇之介といった社会教育政策の担い手に焦点を当てた研究を行っている。

　社会教育にかかわる私たちはしばしば，統制へのプロテストという物語への期待を含みこんだ歴史観，社会観を抱きがちである。その視点を大事にしながらも，時に冷静に捉えつつ，実践とその歴史を記述していく試みは，今後も続けられていく必要がある。いかなる実践も内部矛盾や葛藤は内包しており，しかしそれでもなお，暮らしや地域や社会をよりよいものに，という人々の願いを糧に進められていくからである。その意味では，歴史学の領域で近年活発な，戦後日本の文化運動の研究にも学ぶ必要がある[22]。

地域文化をめぐる社会教育研究の成果と課題 | 143

⑶　文化政策・文化行政：制度研究

　第三の「文化政策・文化行政」は，社会教育法制定過程における文化の位置づけ（占領期），国民文化運動論における文化創造のプログラムの問題及び権利保障のあり方（1950～70年代前半），生涯教育・生涯学習政策と文化行政の現代的展開の分析（1970年代後半以降）などがテーマとされてきた。

　占領期においては，戦後教育改革期に文化にかかわる法制度的検討がどのようになされたかを明らかにすることや，文化施設のあり方をめぐる計画論的検討が課題とされている。

　1950年代は，国民文化運動の高揚期にあって，芸術文化にかかわる鑑賞と創造の自主的な組織化が活発化した時代であり，社会教育関係団体とサークル，文化団体の関係をめぐる考察が焦点の課題となっていた。

　1960年代後半から70年代には，教育実践を媒介とする住民の文化要求の掘りおこし，組織化を通じて，住民の文化活動さらにはその権利保障のあり方を探求しようとする問題意識がより明確に形成される。子育て教育・文化運動の発展を通じて学校外教育制度，社会教育行政における少年対象事業のあり方が活発に議論され，社会教育政策・行政による環境整備のあり方が問題とされ，地域にねざす国民文化創造の問題が提起されていった。

　1970年代以降は，中教審答申「地域社会と文化について」（1979年）発表，「地方の時代」や「文化の時代」などが叫ばれ，官民協調の巨大な文化・情報システムづくりが提言され，自治体文化行政が各地で進展してきた時期である。社会教育研究においては，先にみた北田耕也が，よく知られた梅棹忠夫の「教育＝チャージ，文化＝ティスチャージ」論，松下圭一「社会教育の終焉」論に対し，学習を必然のプロセスとする「文化における国民主権」確立の展望を明らかにしていくこと，文化の担い手形成と文化の公共性原理の解明を課題として述べている。

　中でも佐藤一子『文化協同の時代』（1989年）は，制度と実践双方に目配りをした，文化の観点からの社会教育研究において北田と並ぶ集約点といえる。1970年代以降，地域を基盤とする多様な文化運動が展開され，文化活動の自主的組織化から文化環境の改善，地域の文化政策づくりへの参加に向け

て質的な高まりをみせた。こうした過程で文化運動は，芸術文化の普及型にとどまらず，協同型の地域文化活動の展開へ発展し，国民自身が文化の担い手に成長していった。それを受け，国及び地方自治体も，住民の文化的生活の実現を保障しうる条件整備を行う必要に迫られていた。佐藤はここで四つの論点を挙げる。すなわち，①「文化的生活に参加する権利」の法理，②国民の文化的享受をめぐる実態と矛盾，③文化を享受する権利を保障する国・自治体の文化行政のあり方，④地域文化運動の展開による文化創造と文化協同の可能性，である。これらの論点には，人々の文化的関心の高まりを，単にアマチュア文化活動の発展と捉えるのみならず，生活者の生きる力量の啓発につながる視点に貫かれている[23]。

　佐藤の文化協同論の意義として，第一に，学習活動を中心的な対象としてきた従来の社会教育活動のなかに，新たな視点から文化を位置づけ，社会教育の研究的・実践的視点を拡大することとなった。第二に，ヨーロッパ成人教育における「文化的生活への参加」をめぐる議論もふまえ，高まる文化活動への要求を「文化的権利の実現」の過程として，国際的な成人教育の歴史につらなる問題としてとらえなおした。佐藤が示した「文化的権利」の理念は，1990年代以降議論が深まり，2001年制定の文化芸術振興基本法（2017年に文化芸術基本法として改正）で「生まれながらの権利」と規定されるなど，後の文化政策論の基点にもなるものであった[24]。第三に，「文化協同」という概念の実践的な性格が注目される。北田が芸術文化活動のプロセスがもたらす内面的成長の側面に注目するのに対し，佐藤は，生活や地域というリアリティが見えるつながりの中で文化活動が生み出す意義に注目した。そして，当時高まっていた親子文化運動や市民参加による文化会館運営など，それまで公的社会教育の枠外にあった市民の文化活動に注目し，それを実践的にも推進させてきた[25]。

　以上のように，政府により策定される文化の制度を，文化の下からの統合，国民的要求に根ざした組織化と計画化として捉え直すのが，社会教育研究における文化政策・文化行政の領域へのアプローチであったといえよう。

２．近年の社会的動向と今後の研究課題

　以上をまとめるならば，これまでの社会教育研究における文化，特に地域文化の研究は，以下の点を重視してきた。第一に，作品やパフォーマンスなど，活動の結果生み出されたものよりも，生活の中で協同的に生み出す過程，とりわけ既成の文化に対する抵抗や，主体性の確立をめざした営みが重視されてきた。第二に，制度を論じるに当たっては，市民の自由な活動をどう保障するか，という観点が重視されてきた。第三に，それらの活動において，文化が地域づくりの要素として重視されてきた。ここでいう「地域づくり」とは，文化を媒介にして，特に地域での人間関係が強まったことを指していわれることが多い。この意味で，「地域文化」が重視される。

　以上の研究の蓄積は，市民の手による地域文化の創造を励まし，支えるものとなってきた。一方で，現代の社会においては下記のような問題も生まれてきており，さらなる研究が求められている。

⑴　原理・制度研究の課題：梅棹・松下の提起，社会教育行政の縮小にどうこたえるか

　周知のように，2018年10月の文部科学省機構改革により，博物館は文化庁に移管されることとなり，生涯学習政策局は総合教育政策局に，社会教育課は地域学習推進課に改編された。さらに，2019年５月の第５次地方分権一括法改正で，公立社会教育施設（博物館，図書館，公民館等）について，地方公共団体の判断により，教育委員会から首長部局へ移管することが可能になった。自治体レベルでは，首長部局が文化振興を，教育委員会が従来の社会教育および文化財保護を担うという分担が多くなっているが[26]，今後はその教育委員会の社会教育部門も徐々に首長部局に移管されていくことが予想される。

　このように，文化行政の組織拡充の一方で，社会教育行政は，一貫して改編，縮小を続けている。これは1970年代以降続く動向であり，どう捉えるかには諸論あろうが，問題として，第一に，制度と原理の両面において，地域

文化を社会教育が支えるという論理が不明瞭になりつつある。第二に，博物館を筆頭に社会教育施設が，施設理念として教育の要素を失っていくことは大きな問題であるといえる。

　まず，原理論としてこの問題を捉えるならば，文化活動の教育・学習としての意味についての探究が引き続き残されている。

　1970年代以降，梅棹忠夫は「教育はチャージ，文化はディスチャージ」として，松下圭一は，「教育なき学習」，あるいは「自由な市民文化」として，市民の文化活動を原理的に教育と切り分けた。両者は自治体文化行政の推進理念となり，今日に至るまで影響力を持ち続けている。

　松下は，市民自治を疎外する上からの教化的な権力としての社会教育行政を批判する。ただし，松下は文化行政を手放しに推進するわけではなく，終焉論の提起後も，例えば文化芸術振興基本法を国家主導の論理として批判的にとらえながら，市民の自主的な活動の重要性を提起している[27]。

　松下の終焉論の問題点としてしばしば挙げられることとして，第一に，戦後社会教育がそもそも松下のいう教化的な理念を否定し，学習文化活動を側面から援助し，その自主性を尊重してきた歴史的側面が顧みられていない。第二に，松下自身が措定する自立した市民がどう育つのか，という問いに答えられていない。第三に，戦前戦中期の社会教育を国家主体として一面的に捉えることの限界も，近年の社会教育史研究からは明らかにされている。

　ただ，後退する制度の現状を考えるに，これらの終焉論批判は，どこか守勢にまわったもの，といわざるをえない部分もある。すでに文化政策・文化行政をめぐる議論では，梅棹や松下が扱われることすらなくなりつつある。しかし，社会教育と文化を理念的にも制度的にも切り離して考えることは，地域における文化活動を通して私たちは何を学ぶのか，という問いを手放してしまうことでもある。文化は担い手があってこそ育つものであるし，担い手自身が向上していくことなしにはより良い文化は生まれえない。また，文化は地域社会の基盤であり，その継承が地域の持続可能性をもたらす。そして，文化と教育は政治や経済の論理と無関係とまではいえないにしても，政治や経済に従属させてしまうことがあってはならない。

　また，いうなれば守戦一方の制度論をどう構築していくかは今後の研究課

題だが，少なくとも，原理論と制度論を混同し，教育行政か文化行政かといった行政の縄張り争い，権益の奪い合いのような議論は不毛である[28]。あくまで，原理はどこにあるのかを見据えた議論を積み上げていく必要がある。

　文化活動における教育・学習の要素を認めることは，松下の危惧するような自由を否定することにはならない。むしろ文化活動の質を高める積極的な意味を持つと考えたほうが，文化活動の性質からみても，また国際的な動向からみても妥当であろう。イギリスでは，1970年代以降に展開されたコミュニティアート運動，カルチュラルスタディーズの進展，ポストモダンの思想的潮流，またジェルピやフレイレに代表されるラディカルな成人教育論などを背景に，成人の文化活動が個人の発達，文化の発展，コミュニティの発展に関わるという視点が示されている。そして，文化の価値は所与のものではなく，学習活動を通して自ら定義していくことの意義が論じられている[29]。また，近年のドイツでは，「文化教育 Kulturelle Bildung」の理念のもと，教育行政と文化行政が連携しながら，学校と学校外の教育文化機関が協働で子どもの芸術教育プログラムを提供することが盛んになされている[30]。その基底には，芸術教育，文化を通じた人間形成をめぐる議論の蓄積がある。

　たしかに，文化活動において「教育」の概念が自由な活動を阻害する印象を与え，なじみにくい，という原理的かつ実践的な課題はある。これに関連して増山均は，人間本来の主体性と内的な想像力や活力を生み出し，生活・文化・社会を活性化させていく方法理念として「アニマシオン」を提唱する[31]。増山の提起にみられるように，あそびや文化も包み込んだものとして教育の概念を豊かに捉え直すこと，この意味において「文化と教育をつなぐ」（山住正巳）理論研究の深化が必要である。当然ながら日本にも，文化活動を通じた人間形成の豊かな実践と議論の蓄積がある[32]。古今東西のそうした営みに目を向けていくことは，まさに社会教育の探究課題である。

(2)　実践研究の課題：地域の持続可能性の契機としての文化，地域を基盤にしない文化の対象化

　実践研究の課題としては，第一に，人口減少が進む地域の中で，文化を契

機にした持続可能性の模索が各地で進められており，それを理論的・実践的にどう支えるかが問われている。佐藤は近年，先述の大田と北田，そして公害問題に向き合って地域社会の教育計画論を探究してきた藤岡貞彦を貫く形で，戦後教育と地域という主題の歴史性を示し[33]，その上で，各地の実践の検討を通じて「地域学習」という実践的概念を示した[34]。また，『文化協同の時代』では必ずしも注目されていなかった伝統文化に注目し，食や芸能など，地域の歴史にねざした文化の伝承活動の意義も提起している[35]。文化の「創造」だけでなく，過去には保守・守旧的な営みとされてきた「継承」の積極的な意味も，ここでは浮き彫りにされてくる。

　こうした，これまでの社会教育研究や公的社会教育が必ずしも注目してこなかった活動を掘り起こしていくこと[36]。また，公的社会教育のみならず，学校教育や地域社会それぞれが時に連携しながら地域文化の学習にどう関わっていくかを，歴史的・現代的に明らかにしていくこと[37]。自治体合併や耐震改修などに伴い公共施設の縮小再編が課題となる中での施設運営のありかた。そこにおいて，自由な文化活動がどのような原理において保障されることが必要か。これらが，研究的にも実践的にも課題と言える。

　第二に，地域を必ずしも基盤にしない文化活動をどう捉えるか。社会教育研究において文化はしばしば地域文化と同義とされ，文化全体の問題としてとらえられることはあまりない。地域を必ずしも基盤にしない，都市文化，消費文化，デジタル文化などの問題を歴史的・現代的にどう捉えるか。これもまた，北田が『現代文化と社会教育』『大衆文化を超えて』などで示した主題だが，この検討も本論の先の課題として残されている。

　例えば民間文化産業に関しても，生涯教育論が提唱され，学習の市場化が叫ばれた1970年代以降，社会教育研究は民間文化産業をあえていえば無視，あるいは敵視する傾向が強かった。社会教育の観点からの文化活動の研究はますます重要となる一方で，すでにみたように社会教育行政から文化の領域が削減されていく中で，公教育制度による文化活動の機会保障だけを主張し続けるままでは，実態と乖離する状況も生みかねない。

　なお，だからといって，地域を文化のあるべき姿，当為として捉えることは，自覚は必要とはいえそれ自体を批判するのは行きすぎだろう。地域社会

学では，住民同士の内的な一体感などの何らかの期待を込めた「当為」としての地域と，単なるフィールド，「存在」としての地域という議論があるが[38]，教育研究においては当為か存在かという二者択一はなじまない。冒頭に述べた大田は，終戦直後の地域教育計画の試みも含め，一貫して，「地域」を理想視せずにそこで営まれる暮らしの厳しさも直視しつつ，新しい人間関係を創り出す「願望であり，課題」として地域を捉えてきた[39]。存在としての地域のありようをつかみ，当為としての地域を思い描くことの双方に，研究者も実践者も関わる。その意味で，教育研究にとって地域は，一つの出発点であり，帰着点でもある。

おわりに

　本論で述べた地域文化をめぐる社会教育研究と実践の領域は，前の時代の研究や実践が批判的にのりこえられて次のものがあらわれるというよりも，その時々の社会，地域の課題の中から実践が生みだされ続けるなかで，論点が繰り返し吟味されていると考えたほうがよいだろう。この歴史性は，文化，とりわけ地域文化というものが歴史的な性格にねざしていることからくるともいえる。

　表面上の新しさを追うだけでは問題をつかむことはできない。思想，歴史，比較等の視点をもちながら，文化活動の実態に即して調査と考察を続けることが，これまでも今後も求められている。

【註】

1）大田堯「地域と教育」教育科学研究会編『教育科学入門』国土社，1967年，初出，『大田堯自撰集成』補巻，2017，pp.218-219。

2）北田耕也・畑潤・朝田泰・佐藤一子「社会教育と文化」日本社会教育学会編『現代社会教育の創造　社会教育研究30年の成果と課題』東洋館出版社，1988，pp.440-464。

3）草野滋之・畑潤「文化活動と身体・表現」『成人の学習と生涯学習の組織化 講座 現代社会教育の理論 3』東洋館出版社，2004，pp.141-158。

4）北田・畑・朝田・佐藤，前掲論文，p.442。

5）宮原誠一「芸術と社会教育―二,三の基本的視点について」『月刊社会教育』1962年11月号，国土社，pp.22-25。

6）真壁仁「民族と文化」『月刊社会教育』1969年10月号，国土社，pp.10-16。

7）中井正一「文化のたたかい―芸術と社会教育」『社会教育』1951年10月号，全日本社会教育連合会，pp.6-10。

8）碓井正久「社会教育の内容と方法」小川利夫・倉内史郎編『社会教育講義』，明治図書出版，1964，p.114。

9）北田耕也『大衆文化を超えて―民衆文化の創造と社会教育』国土社，1986，p.160.

10）佐藤郁哉『現代演劇のフィールドワーク―芸術生産の文化社会学』東京大学出版会，1999，pp.208-212。

11）北田耕也『自己という課題―成人の発達と学習・文化活動』学文社，1999，pp.82-87。

12）新藤浩伸「「実際生活に即する文化的教養」とは何か」『月刊社会教育』2018年11月号，国土社，pp.10-17。

13）畑潤「世界にかかわって生きることと内的なものへの憧憬と―社会教育・生涯学習の哲学を考える」畑潤・草野滋之編『表現・文化活動の社会教育学』学文社，2007，pp.14-49。

14）草野滋之「地域における自立的文化の創造と人間性の回復を求めて―社全協「地域文化の創造と社会教育」分科会の論議の歩み」『月刊社会教育』2004年2月号，国土社，pp.76-80。

15）宮坂廣作『近代日本社会教育史の研究』法政大学出版局，1966，国立教育研究所編・出版『日本近代教育百年史　社会教育(1)(2)』1974，草野滋之「戦後日本における民衆の文化活動・表現活動の展開とその意義」畑・草野，前掲書。

16）山嵜雅子『京都人文学園成立をめぐる戦中・戦後文化運動』風間書房，2002.

17）草野滋之「うたごえ運動と青年の自己形成」『東京都立大学人文学報　教育学（18）』第163号，1983，pp.59-91。

18）畑潤・千野陽一「1960年代の親子文化運動研究―『教育と社会』に関する一考察」『東京農工大学一般教育部紀要』第22号，1985，pp.21-36，同「1980年代親子文化の運動研究―『教育と社会』に関する一考察」『東京農工大学一般教育部紀要』第24号，1987，pp.49-66。

19）高比良正司『夢中を生きる―子ども劇場と歩んで28年』第一書林，1994。

20）手塚英男『学習・文化・ボランティアのまちづくり』自治体研究センター，1986，岩

崎義純『子ども劇場が街を変える―札幌市立劇場 やまびこ座・こぐま座の軌跡』寿郎社，2008。

21）松田武雄『近代日本社会教育の成立』九州大学出版会，2004，p.5。

22）たとえば宇野田尚哉，川口隆行，坂口博，鳥羽耕史，中谷いずみ，道場親信編『『サークルの時代』を読む―戦後文化運動研究への招待』影書房，2016など。

23）佐藤一子『文化協同の時代―文化的享受の復権』青木書店，1989，まえがき。

24）小林真理『文化権の確立に向けて―文化振興法の国際比較と日本の現実』勁草書房，2004。

25）佐藤一子編『文化協同のネットワーク』青木書店，1992。

26）文化庁『地方における文化行政の状況について（平成29年度）』2019。

27）松下圭一『市民文化と自治体文化行政―文化の座標軸と都市型社会』公人の友社，2003。

28）新藤浩伸「社会教育」小林真理編『文化政策の現在1　文化政策の思想』東京大学出版会，2018。

29）David Jones, "Adult Education and Cultural Development" Routledge, 1988（新藤浩伸監訳『成人教育と文化の発展』東洋館出版社，2016）.

30）新藤浩伸「芸術教育における学校，芸術家，NGO の連携―ドイツの取り組みから」東京大学教育学部教育ガバナンス研究会編『グローバル化時代の教育改革― 教育の質保証とガバナンス』東京大学出版会，2019（近刊）。

31）増山均著，早稲田大学増山均研究室編『アニマシオンと日本の子育て・教育・文化』本の泉社，2018。

32）北田耕也監修・地域文化研究会編『地域に根ざす民衆文化の創造―「常民大学」の総合的研究』藤原書店，2016。

33）科学研究費基盤研究 C（研究代表者・佐藤一子）「ソーシャルキャピタルの再生にむけた地域学習の展開と地元学の創造に関する研究」中間報告書『戦後教育思想における「地域と教育」への問い―大田堯氏・北田耕也氏・藤岡貞彦氏インタビュー記録集―』2013。

34）佐藤一子編『地域学習の創造―地域再生への学びを拓く』東京大学出版会，2015。

35）佐藤一子『地域文化が若者を育てる―民俗・芸能・食文化のまちづくり』農山漁村文化協会，2016。

36）「暮らしと表現空間」『月刊社会教育』2017年7月号（国土社）より連載中。

37）杉浦ちなみ「学校教育における地域文化の位置付けに関する一考察―奄美市立笠利中

学校を対象に」東京大学大学院教育学研究科付属学校教育高度化センター　研究紀要
⑴，pp.107-120，2015，同「民謡文化の伝承と学習と─奄美市笠利地区から」『月刊社
会教育』2016年 6 月号，国土社，pp.18-23。

38）藤田弘夫「地域社会と地域社会学」似田貝香門監修，町村敬志編集チーフ『地域社会
学講座 1　地域社会学の視座と方法』東信堂，2006，p.19。

39）大田堯「課題としての地域」『中小企業家しんぶん』2003年 3 月15日，『大田堯自撰集
成』第 4 巻，藤原書店，2014，pp.206-207。

Informal Educator としての伝承者

―人の一生を育てる伝承を事例に―

岡　幸江

１．伝承者像に着目するということ

⑴　「地域づくりと社会教育」を考える上でなぜ伝承文化に焦点をあてるのか

　本稿は，暮らしの中の教育空間を可視化していくことをめざす一環として，口承文化の伝承者を取り上げ，その Informal Educator としてのありようを明らかにしようとする試みである。

　この間，わが国の法に基づく教育や生活保障は，血縁地縁ではなく目的に応じて機能的につくられる組織の根づきにくさも背景に，相互扶助や家族が蓄積してきたものに多くを依りながら生成をとげてきた。1970年代末～80年代初頭に，家族の社会保障代替機能に依存することを前提とした社会像である「日本型福祉社会」が語られたことはその象徴的な一例だろう。ここに広く社会保障の制度を確立する必要性や，法への認識があいまいである問題が潜むことはむろん直視すべきである。だが一方で人々は，法や行政に必ずしも依存しない自律性をもった生活文化を一定程度維持し続けてきたともいえる。

　近年，その固有のバランスをかろうじて維持してきた生活基盤としての相互扶助や家族機能も，いよいよ持続困難な地点にきているように思われる。地域毎に生活文化を営々と継承してきた高齢者層は喪われつつあり，また彼

らが維持してきた地域社会自体が存続の危機にある地域も少なくない。

東京一極集中と地方の人口減少への危機感を基に全省庁的に推進される今日の「地方創生」政策（2014年〜）は，景観まちづくりや観光まちづくりの提案・施策推進がはじまる2000年代初頭の政策枠組みの延長上にあり，海外との経済交流や訪日外国人の増加が強く意識した経済政策の側面を濃厚にもつ。グローバリゼーションとの整合性を含めたその性格は注視しておきたいが，背景に危機に瀕する地域のリアリティがあることも事実である。

本稿はこうした状況を政策・組織・地域・家族といった単独次元でなく，地域をめぐる問題解決の仕組みの関連構造において捉えることを議論の前提に置きたい。「地域づくりと社会教育」をめぐる問題も，戦後社会教育法体制の下で組織化を目指した社会教育と，相互扶助や家族がなしてきた暮らしの中の教育基盤，その相互関係から捉える必要があるのではないだろうか。

しかし，家族や相互扶助文化の中でどういう教育のあり方が蓄積され，そこに固有な価値基準や枠組みがあるのか，未来の社会教育とその基盤をめぐる議論として意識されることは少なかったように思う。数少ない先行研究として，学会年報『「ローカルな知」の可能性』（2008)[1]にかかわる一連の議論が挙げられるだろう。ただし当年報は文化をふくむローカルな文脈のなかに位置づく「知」とアイデンティティ構築の関係に関心の中心をおき，「教育」としての把握についてはあえて一線をおくスタンスをとっている。

昨今，地方創生教育版の一環として学校教育・社会教育にわたり地域教育資料の作成が進められ，民間においてもフットパスや地元学への注目など地域文化再発見への試みが広がっている。こうした状況も，公教育や今日の経済原理とは異なる価値基準や関係の質を検討する必要を示すように思われる。

⑵ 「人の一生を育てる伝承」とその伝承者への着目

そこで本稿は，相互扶助や家族が築いてきた教育の有り様に迫る一貫として，口承文化の伝承者に注目する。ここで注目するのは各地に広がる組織的活動とは一線を画す，生活上で活動を行う伝承者である。

Informal Educator としての伝承者 | 155

生活の中で伝承されてきた口承文化は一般に，生活環境の変化もあり，もはや自然体の継承は不可能な「過去の遺産」と位置づけられがちである。だがときに諦めももちながらも，未来への継承の意思や葛藤を抱いて方向性を模索する伝承者もいる。ここでは伝承者を，自身を媒介に未来への継承を志す，意思や価値判断をもった生きた対象と位置づける。

　本稿が取り上げるのは，伝承者・阿部ヤエ（1934~2018）と，彼女が人生をかけて伝承しようとした「人の一生を育てる伝承」である。阿部は岩手県遠野市に生まれ，84年の生涯を伝承にかけた人物である。阿部は主に1860年代に生まれ，学校教育は受けずに生きた，祖母を含む地域の３人の高齢者から「口承で」伝承をうけている。さらにその高齢者たちに語り継いだのは，飢饉に苦しんだ江戸期の遠野を生き抜いた人々であった。

　元来「伝承」で育てられた阿部だが，伝承者としての継承と自己形成は，「この伝承はここで終わりだ」という高齢者の嘆きをうけとめたことに始まる。12歳にして自ら伝承を引き継ぐと決意した阿部は，終戦直後の1946年から１年間かけて集中的に学び，その素地を培う。その後伝承が伝える生き方を人生の軸に遠野の地で生きた阿部だが，語り部活動や出版活動を通して外部に発信を始めたのは，50歳をすぎた1990年代以降のことである。発信は保育関係者に，わらべうた保育として広く受け止められた。

　しかし阿部の本来の意図は，「人の一生を育てる伝承」にあった。阿部はそれを「何も知らない一般庶民が，ふだんの生活の中で人間らしく生きる力を身に着けるためにつくられている」ものであり，お天道様を神様とする自然信仰が基にあるものという。それらは具体的には，話す力を育てる「わらべ唄」，聞く力を育てる「昔話」，考える力を育てる「謎かけ」をひと組みとして伝えられ，一般には，祖父母世代から孫世代へと伝承されてきた[2]。

　この「人を育てる」営みは，０歳児の赤ちゃんのときから身近な大人が教え始める「わらべ唄」にはじまる。それは「人間らしく生きるための基を身体からおこす」遊びという。赤ちゃんは大人の動作を真似ながら，動作に付随して真似る，応える，意思を出すといった，七つの気持ちをおこし，これを一生にわたって育てていくという。また「わらべ唄」には，人・自然・社会との関係など，学ぶべき内容にみあう唄がそれぞれにあり，個々の育ちの

段階に応じてどんなわらべ唄をいつ教えるかも伝えられている。「わらべ唄」で育った，生活の中で目にするものと言葉を結び付ける力を基に，子どもたちは『昔話』を通して，今，目に見えないものをも想像して聞く力を身につけ，次第に背後の意味の世界にも向き合う（阿部曰く「教えを感じ取る」）段階に入っていく。また「謎かけ」では，とくに学童期においては，一つのものをたくさんのことばで包み隠し，そこに隠されたものを当てる遊びだけでなく，その意味（謎）を解き続けることを通して，言葉の使い方，考える癖を身につけるのだという[3]。こうして自ら感じ・考え・気づく力を身につけた人々は，厳しい社会や時代のなかにも「己に勝つ」生き方を守り，一生自らを育てていくと考えられてきた。

　この伝承は「意味」と体系が伝えられている点で固有性をもち，加えて阿部が独自の研究を加えているところに小さからぬ意味があるが[4]，断片においては日本各地のわらべ唄・昔話・年中行事などとの共通性も語られている。ただし阿部は，各地の「わらべ唄」の元唄はすでに変化し，背景や目的も語られなくなっていることを，弟子の露木大子に指摘している。

　遠野においてもこうした文化がみられたのは1960年代までのことで，それ以降は子どもたちをめぐる生活の中からは消えていったと言われる[5]。

　それでもわずかながらにも今日までその伝承を持続させてきたのは，これまでとかわらず，人から人，伝承者から伝承者へと受け継ぐ営みであった。

2．方法─「伝承」と「自己学習」の循環プロセスへの焦点化

(1)　「Informal Educator」─「会話」と「経験」ベースの教育者

　本稿ではこうした伝承者を，暮らしの中の教育を駆動させてきた教育者として読み解くために，英国コミュニティワーク・ユースワークで用いられてきたInformal Education概念に注目する。一般に知られる経済学者クームスによるFormal, Informal, Non-formal Educationの三類型論におけるそれは，「個人が，日々の経験や環境のなかで教育的作用や支援を受けながら態度や価値，技術，知識を獲得するという，まさしく生涯にわたるプロセス」

と, 1970年代初頭の状況を背景に, フォーマル教育の矛盾と教育の再組織化を意図した領域論的理解にたつものである[6]。だが刊行物をたどれば1946年を発端とする[7]英国の議論は, 「日々の経験の一部として教育的な出来事が組織されること」[8]に焦点を当てる教育内容・方法論的理解にたつものであり, その主眼は制度化・組織化との関連ではなく, 日常性の中の教育のあり方におかれている。本論が念頭におく Informal Educator (いわば学習者の日々の経験と会話をもとに教育を組織する者) の存在も, クームスらは認めていない。

では Informal Educator の固有性とは何か。ここでは Jeff & Smith (1996) の議論をもとに, 教育方法と教育者としての自己形成の点から考えてみたい。

まず彼らが用いる教育方法上の特徴は「会話」ベースにあり, カリキュラムベースとの比較で考えられている。会話は生活にねざした, 他者の感情・思考・必要性を慮る互恵的かつ即興的行為であり, 細やかな感情を行き来させて行われる。その作用においては心を開いた他者への信頼も必要とする[9]。つまり彼らは, 相手を伴う即興的な場面から相手の行動や語りを細やかに考え, 文脈を省察することが求められている。またこれらは日々の出来事を基に, 抽象的概念も用いつつ批判的思考を育成するためにあるという[10]。

しかしこうした会話の価値は, 社会的には理解されがたい。福祉や医療関係者のように解決すべき課題と直結する立場からは, 「活動」を評価しても「会話」には関心がよせられない。ユースワーク内でもスポーツや議論など組織的活動は「good」, 座って話す人々は「bad」とされがちである。若者自身はただの会話に価値を見出すが, ワーカーや関係者が軽視しがちなのは, 彼ら自身がただの会話を導いたりコントロールできないためだろうという[11]。対して, Informal Educator は, 学習者が自立性を発揮している会話的状況をつくりだすために, 絶妙に若者集団に働きかけたり, 人々が自由に集う場を作りだすことに仕事を見いだす。状況や場を設定したうえで, 相手との関係上では会話の流れや即興性に身を委ねる, 意図的関与を行うわけである。

第Ⅲ部　暮らしと文化の継承・創造

こうした志向性は，学習者だけでなく Informal Educator にも，経験を介した学びを要求する。一般にカリキュラムベースで教える教育者たちもまた，実践に基づく経験的学習を行うだろう。しかし Informal Educator の場合，その仕事自体に，人々が自らの経験を意識しながら学んでいくための環境を構築することが位置づいている。それを支えるのは，彼ら自身が暮らし全体にわたる経験を意識することだろう。それは意図的な機会も多い実践経験の振り返りとは異なり，状況依存的・統合的に行われる人生経験の振り返りに近い。彼らには多様な経験を抱える学習者に向き合いながら，トータルに個々人の課題やなすべき関与のありように気づく力量が求められている。

(2)　伝承者固有にみる，目に見えぬ他者との対話

　こうして本稿は Informal　Education 論が，その教育方法的な特徴として〈会話〉をベースに考えられていること，そこで想定する学びが〈暮らしの経験全体から学ぶ〉ものとして設定されていることに注目する。そして自らの人生経験と会話を通して，先行世代から手渡されたものを次世代に伝える伝承者を，Informal Educator として読み解いていくこととする。

　ただしその際，伝承者固有に捉えるべき点があるとも考える。それは彼らが他者との会話において，目の前の人だけでなく，目に見えぬ先人ともやりとりを行っていると思われる点である。先人には，自らに直接伝承した高齢者はもちろん，人から人へさらに先祖に遡り，目に見えぬ存在も含まれる。

　たとえば阿部の「話しているときに思い浮かぶのは，話している物語の世界ではなく，自分にその話をしてくれたおばあちゃんだ」[12]といった言葉にその現れをみることができる。

　こうみると，一つに伝承者は，何らかの文化を媒介に，暮らしの中で〈会話〉を基軸にした伝え・教える営みに携わっている。それは様々な先人との向き合いをも通して行われている。二つに，そうした伝承の営みを支えるのは，〈経験〉に学ぶ自己学習であり，それは多様なやりとりを媒介に行われる自身の記憶との向き合いなおしのもとにある。

　つまり伝承者たちは，伝える営みの裏で，記憶と向き合い直しながら，生

涯にわたる学習プロセスを歩み続けているともいえる。彼らは人生の歩み＝
自身の経験の成熟に伴って，手渡された文化を学び解釈し続けていく。その
学びの機会は本人や誰かの意思で計画的に作り出すことは難しく，「その時」
が訪れるのを本人は「待つ」しかない。それは，統一基準で評価可能なカリ
キュラムベースの教育者の自己形成とは，明らかに異なるものである。

　実際に「その時」を学びとしてものにできるかどうかは，本人の，様々な
チャンスを届ける周囲との「関わり」に向き合う力，また「聴き取る」力に
かかっている。阿部はそうした力も，幼い頃からの「伝承」が育てる力であ
ると語っている。それは決して受動的な学びのありようではない。

(3)　伝承者が経験を想起する場面における，「伝承」と「自己学習」の循環

　あらためて確認しておきたいのは，伝承者としての自己学習は，二重の意
味で個に閉ざされていないことである。一つに伝承者の自己学習は，自らの
経験を介して他者への「伝承」へとひらかれ，また自己学習へと循環する。
と同時に記憶や思いは，過去（人）から未来（次世代）へとつながってい
る。

　本稿はこれらを具体的に示すために，ある象徴的な場面・出来事をピック
アップし，伝承者をめぐる「伝える営み」と「自己学習」を，循環的関係の
中において描いてみたい。図示すると以下のようになる。この描写を通して
Informal Educator としての伝承者を浮かびあがらせることを試みたい。

```
伝承者が有する，ある象徴的な「場面」「出来事」
                    ↓
           ⇒ 偶発的経験と想起
  A. 〈伝える営み〉（会話ベース＋相手と先人に向き合う）
  B. 〈自己学習〉（経験ベース＋自己・他者・先人の記憶に学ぶ）
```

３．三つのエピソードから
〜阿部ヤヱ著『花さかんひらいた』を切り口に

(1) 『花さかんひらいた』（2011）の出版と東日本大震災

　阿部ヤヱはそれまでにもわらべうたに関する出版を重ねてきたが，本著は「人の一生を育てる伝承」自体を書き残そうとした，最初の本であった。と同時にその出版は，遠野と深くかかわりある岩手県東沿岸部に大きな被害を出した，東日本大震災の８か月後のことであった。

　阿部は関連して，二世代前の人々の言葉を想起し学びなおしている。

> 　わたしにこうした「人の一生を育てる」ための伝承を教えてくれた人たちの祖父母は，飢饉の連続で生きるか死ぬかという辛い時代を生き抜いた人たちだったので，「これからだって飢饉が来ないとは言い切れない。飢饉と戦は同じだと言われていたが，これからどんな世の中になるか分からない。だから，「人の一生を育てる」ための伝承をなくしてはならない。どんな辛い世の中でも，人の生き方を知っていれば生きられるものだ」と言っていたそうです。昔の人たちが案じていたことが現実となり，太平洋戦争が始まって，わたしたちは食うや食わずのどん底生活をしなければなりませんでした。それでもみんな頑張ったので生活が豊かになり，飢饉も戦争もない平和な日々がつづいたのでした。けれども突然，東日本大震災が起きてしまいました。飢饉も戦争も大震災も命にかかわる怖いことであり，頑張らねばならないことです[13]。

　遠野市は直接の被害はほとんどなかったこともあり，阿部は震災後も，語り部活動を続けた。そして市外からの客と，ときに大震災のことも含めて語りあい，伝承自体を伝えることの意義に，あらためてさらなる確信を抱いている。

　本来伝承は人から人へしか伝わらないと考える阿部にとって，伝承を文字で伝えることは一つの挑戦であった。文字と口承，異なる伝承原則の矛盾を

Informal Educator としての伝承者 ｜ 161

前に，彼女は自費出版し本を手渡しするイメージで，出版に臨んでいた[14]。

⑵　子どもたちに「自然」を伝える

　阿部は伝承に照らして，現代の教育がとくに「自然」を軽視していると，深く憂いていた。

　　見たり聞いたりしたときに，目からも耳からも同時に気付いたり，感じたり，考えたりする力を身につけることは大事なことです。また幼いときに自然と遊んで，自分で見て，自分で気づいて，自分で感じて，自分で考えてやったことは，大人になっても心に残り，そうしたことを基にして自分の心をつくりながら生きていくのが，昔の人たちの人の育て方です。人は自然とともに生きています。自然を知ることは心を豊かにすることですが，だんだんそういう昔から伝えられている人の育て方をしなくなりました。同じ空の下でくらしていても，とんびとからすのけんかをみたことがないという人がほとんどです。花がたくさん咲いていても，見向きもしないで通り過ぎる人もいます[15]。

　一方阿部自身は，暮らしの中で自然に学ぶことを実践し続けてきた。『花さかん』には，次のような場面も描かれている。

　　毎年，栗の実を拾うたびに，幼いころ丹波栗の番をしながらうたった丹波栗の唄や祖母のことを思い出します。わたしにとっては，わたしとともに生きてきた屋敷のそばの栗の木は家族です。虫がつけば守ってやりたくなりますし，台風で枝が折れれば，もう台風は来ないでほしいと祈りたくなります／丹波栗の唄は，飢饉のときのことをうたっていると言われていました／唄の表の意味は，丹波栗が売られていく様子をうたっています。歌には裏があり，丹波栗とは普通の芝栗と違う大きな栗の実のことで，器量よしな娘ととります。飢饉のときには。器量よしな娘から先に高い値で買われていったそうです……。／「人間の命には限

りがあって，いつまでも生きられないが，栗の木は何百年でも生きている。だから，孫から孫へと何代も自分が生きてきたことが伝えられていくことを栗の木に見ていてほしい，子孫を守ってほしいという思いもあって，昔の人たちは，屋敷のそばに栗の木を植えたんだと」と言われていました。[16)]

　一つの唄にいくつも意味が託されるのは伝承の特徴である。自然とのかかわりから育まれる子どもの「気づく力」と，次の伝承に向けて成長の機を捉える大人の「気づく力」をあわせ，子どもたちは奥へ奥へと探究を深める。栗の実拾いという暮らしの場面でも，「丹波栗の唄」を介して学び直しが続いている。唄は暮らし・自然と人々の気づきの循環を促しているといえる。

　阿部自身は2人の孫を伝承で育てたが，露木大子はじめ保育関係者を中心とする弟子たちとの出会いによって，彼女たちが前にする全国の子どもたちの育ちとも向き合うようになった。中でも弟子の露木には，子育てへの直接的働きかけを通して多くを伝えた。露木は自然に学ぶことの意味をたとえば次のように感じ取っている。「長女のみはるは，二歳半でアマリリスの芽が出た鉢をヤヱさんからもらうと，鉢を抱いて喜びました。茎の成長，花の開花を喜んでいました。花が枯れたとき，ヤヱさんがみはるに電話で『寂しいか』と聞いたところ，とても哀しそうに『寂しい』と答えたのです。私は子どもに，そのような気持ちがあるのかと，びっくりしました。そして，子どもはこうして命を知るのだということを，ヤヱさんから教えられました。それはとても大事なことだと実感しました。」[17)]阿部の伝承の語りは，弟子たち自身の経験にねざしたこうした「実践」を通してはじめて，実感をもって，その内実が受け止められていくことになる。

⑶　伝えることは，生き続けること

　阿部は2018年2月に逝去するが，その数年前から「おらには，来年という年ぁねぇんだから」と語っていた。それは，彼女が間近にみてきた老いゆく人々が語っていたことばそのままでもあった。

つっつ婆は満足そうに顔を空にむけて，「ぺっ」とさとう杏の種を吐き出すと，目を開けてわたしを見ました。食べられてしまったのだから仕方がないと思っても，わたしはつっつ婆を真っすぐに見ることができませんでした。つっつ婆はそんなわたしを見て，ようやくわたしとの約束を思い出したようでした。そして，つっつ婆が，「ええだら，食ったって。おらにぁ，来年という年ぁねえんだから」と突き放すように言ったのでした。

　小さいころ，本家の祖母に連れられて部落のおばあさんたちのところを回って歩いたとき，おばあさんたちは，「おれたちには来年という年ぁ，あってないようなもんだからなんす」と言っていました。けれどもわたしには，どういうことなのかよくわかりませんでしたが，そうした言葉を始終聞いたのでおぼえていました。でも，つっつ婆に面と向かって「来年という年がない」といわれて，「年をとると，来年は生きていないかもしれない」と思って生きているんだということが分かりました。[18]

　幼かった阿部は，親しく自分に関わり教えてくれた婆の姿を通して老いというものを，はじめて実感をもって学ぶ。婆の思いを知ってからの阿部は，本気で話を訊くようになり，〈伝承―継承〉関係に本格的に突入している。このターニングポイント以降，婆は別人のように生き生きとするようになったという。婆にとっては，「もう来年がない」一方で，「伝えることで，永遠に生きる」希望を見いだした，限りなく幸せなひとときだったのかもしれない。

　逝去5か月前から入院した阿部自身は，見舞った弟子の露木によれば，「ここは天国のようだ」といいながらベッドの上で書き物を続けていたという。実際に死を前にした彼女の思いは計り知れないが，少なくとも「伝承する」ことに最後まで執念を見せるその姿があった。露木は阿部のその姿を強く胸にとどめている。体験を通して伝えることで，身体がこの世から消えても命をのちの人々へつないでいこうとする，伝承者の究極の姿でもあっただ

ろう。

4．生活そのものを教育空間として形成する伝承者

　John Dewey が経験に基づく教育の実現を社会から切り離された学校という組織を通じて探究したとするならば[19]，本論がみてきた「伝承」は，それを生活そのものの中に形成しようとする営みといえるかもしれない。

　今回取り上げたエピソードはどれも，阿部が直接わらべ唄や昔話を語り聞かせる場面ではない。その場面だけを取り上げても，伝承が意味する全体性から遠ざかるためである。阿部は学びに訪れる保育関係者らに「生活そのものがわらべ唄」と語っている。「丹波栗の唄」の例にみたように，わらべ唄や昔話は子どもから大人まで，人が生活の中に気づき学び直し続けていく循環を促す重要な媒体であるが，目的ではない。目的はむしろ，暮らしのなかで自らを一生育て続ける人をはぐくむことに向けられていた。そのため，三つのエピソードは阿部の人生に意味深いと考えられる出来事と，日常生活／唄／伝える，の関連が濃厚な自然にかかわる場面で構成している。

　「伝承」は会話よりカリキュラムベースではないのかと問うむきもあるかもしれない。伝えられるべき内容の体系が「伝承」には確かに存在する。しかし問いの焦点を，内容の体系の有無ではなく，学習者がそれに接近し伝承者がそれを支えるプロセスにおくとどうだろうか。「伝承」において学習者はもちろん伝承者にも体系の全体像は，明示されていない。だからこそ学習者も伝承者も，自律的に環境とのやりとりを通じて，いまだ開示されていない謎に迫る。むろん伝承者はより広い視野から学習者に向き合い，学びを後押しもする。学習者・伝承者双方にとって「一生謎解き」（阿部）なのである。それはやはり会話ベースにあると，本稿は捉える。

　伝承者の学びが，より伝えることに向けられるとき，伝える個別の内容において，伝えられたものを編集するプロセスが生じるかもしれない。編集をめぐる問題そのものの検討は別稿にゆずるが，少なくとも本稿では，伝承者が目の前の人と時代に対峙する限り編集は避けられず，だがそれは伝えられたことを変える営みとは異なると考える立ち位置のみ，示しておきたい。

Informal Educator としての伝承者

【註】

1）日本社会教育学会編『ローカルな知の可能性―もうひとつの生涯学習を求めて』東洋館出版社，2008年。

2）阿部ヤエ『花さかんひらいた』青風舎，2011年，p.3．なお庶民を「わらべ」と呼んだ時代があり「わらべ唄」は庶民のためのうたを意味したとも伝えられている（阿部ヤエ『人を育てる唄』エイデル研究所，1998年，p.17.）

3）阿部，同上，pp.3−7.

4）発祥は現在でいう和歌山県熊野とされるが，遠野にそれが伝えられている理由については，地勢的・歴史的背景があると考えられている。この段落全体，露木大子氏へのヒヤリング（2019年3月24日）より。

5）伊丹政太郎『遠野のわらべ唄』岩波書店，1992年，p.227.

6）Philip H.Coombs, Roy C Prosser, Manzoor Ashmed（1973）*New Paths to Learning*, New York：International Council for Educational Development.

7）Josephine Macalister Brew（1946）*Informal Education; Adventures and Reflections*, London：Faber and Faber.

8）Tony Jeffs and mark k Smith（1996）*Informal Education; conversation, democracy and learning*, Nottingham：Educational Heretics Press.

9）Ibid., pp.28-30.

10）Ibid., p.69.

11）Ibid., pp.36-37.

12）阿部ヤエ，聞き書き露木大子「生きる道しるべとして聞く，語る」『演劇と教育』no.566，2004年。

13）阿部ヤエ『花さかんひらいた』青風舎，2011年，pp358-359.

14）阿部ヤエ氏へのヒヤリング（2017年3月11日）より。

15）阿部，同上，p.196.

16）阿部，同上，p.38.

17）露木大子氏へのヒヤリング（2019年3月25日）より。

18）阿部，同上，pp.178-181.

19）ジョン・デューイ（宮原誠一訳）『学校と社会』岩波書店，1957年。

第IV部

社会教育の新たな
価値と可能性

地域づくりにおける住民主体の学習活動と協同の展開過程

大高 研道

1．課題

　本稿の目的は，中山間地域における住民主体の学習活動を軸とした地域づくり協同実践の展開過程の考察を通して，持続可能な地域づくりに向けた社会教育の現代的価値とは何かを検討することにある。

　社会教育の実践・理論は，社会的問題の解決に向けた協同的な学びを主要なテーマの一つとしてきた。そこでは，個人の発達・成長と社会変革の連続性を射程に入れたフレイレの理論潮流に影響を受けつつも[1]，多様な検討がなされてきた。また，脱文脈化した知批判をベースとした状況的学習論では，学ぶべき知や技能は状況に埋め込まれていると主張する[2]。つまり，学習を固有の脈絡をもつ実践共同体への参加とのかかわりで捉えるアプローチである。

　このように，学びをわがものとするための一つの鍵となるのが実際生活の現実との接点を協同的に自己文脈化する営みであり，その基盤としての地域生活へのまなざしである。つまり，自らの暮らしの現実と向き合うことによって学びが生まれ，さらにそのプロセスにおいて他者や社会との接点が浮かび上がる。このような自己教育と相互教育の循環が私的ニーズを社会的ニーズへと転換させ，協同的な意識化を促す学びを組織化する動力となる。

　しかし，「人と人の関係」がモノとの関係に置き換わる物象化（助け合い

の商品化）が進む中で，とりわけ生涯学習体系化以降，個の能力を高める個人主義的学習が強調される反面，長年社会教育によってつちかわれてきた「社会に参加的に関わりながら学ぶ」[3]ことの価値が見失われつつある。よって，教育・学習過程を社会的実践に接続させ，実際生活に即した学びと学習の組織化の論理を現代的に再構築することは喫緊の課題になっている。

これまでも，地域づくり教育論や地域学習論など，地域（づくり）との関連で社会教育実践・理論の検討は多様な形で成されてきた[4]。本稿はこれらの研究蓄積の延長線上に位置づけられつつも，以下のような社会的背景との関連で地域づくりと社会教育を架橋する新たな実践的理論の枠組みを再構成しようとする点に特徴がある。一つは，社会に参加的に関わりながら学ぶこと自体が困難な労働・生活環境も相まって，私益擁護のための協同が社会的広がりをもつ実践へと展開しづらくなっていること。二つは，第一点ともかかわるが，意識化が個のレベルにとどまりがちであること。三つは，それゆえ個別課題の連関性への気づきと新たな協同の展開を展望する実践的学習の論理が十分に提示し得ていないことである。これらの課題の検討は，多様な問題を複合的・重層的に内包する地域づくりの実践に接続する社会教育の新たな地平を検討するためには不可欠であると考えられる。

以上の問題認識を踏まえ，本稿では，過疎や高齢化に直面する中山間地域で展開している住民主体の学習・研究活動の考察をとおして，協同が生成し拡張していく学びあう地域づくり実践の論理を明らかにしたい。具体的には，宮崎県西臼杵郡五ケ瀬町で地域住民自身が設立した五ケ瀬地域づくり研究所の取り組みを対象に，住民自らが地域課題と解決策を見出し，それを住民の合意を得ながら実証的に検証し，新たな活動へと展開するプロセスに内包される社会教育の現代的価値を明らかにしたい[5]。

2．宮崎県五ケ瀬町における地域づくり

⑴　五ケ瀬町の概要

宮崎県北西部に位置する五ケ瀬町は，総面積の88％を森林が占める自然豊

かな中山間地域である。北西部は熊本県に隣接し，平均標高は620メートルと高く，日本最南端のスキー場があることでも知られている。同町は，1956年に三ヶ所村と鞍岡村が対等合併し町制施行された。合併時の人口は9,462人であったが，2019年4月1日現在では3,770人（世帯数1,519）にまで減少している。高齢化率は高く，町内14区ごとに集計したデータによると（2019年5月1日現在），高齢化率がもっとも低い第5区でも30.34％で，ほとんどの地区が40％を超え，南部の3地区（第9・12・13区）は50％，最南端の14区では60％を超える。主要産業は茶葉，シイタケ，牛（肥育），野菜等の農林業で，とくに全国的にも珍しい釜炒り茶の産地として有名である。しかし，第一次産業・第二次産業は年々減少傾向にあり，全国の中山間地域同様，高齢化，少子化，過疎化，産業（第一次産業）の衰退，生活インフラの欠如が大きな地域課題となっている。

⑵　五ケ瀬地域づくり研究所

　五ケ瀬地域づくり研究所（以下，地域づくり研究所）は，五ヶ瀬町役場を早期退職したI氏が2010年4月に立ち上げた任意団体である。常勤スタッフは2名で，「みんなで話し合い，みんなで協力しながら地域を考える」[6]ことを目的とするその活動は，地域住民や団体を巻き込んださまざまな地域調査，現地視察・研修，講演会への参加・報告，勉強会・講演会の開催，日本で初の公立中高一貫校である宮崎県立五ケ瀬中等教育学校との教育・研究交流，助成研究，視察受け入れなど多岐に及ぶ[7]。

　地域づくり研究所設立以前の五ケ瀬町では，地域づくりの主要な担い手は行政であった。I氏自身も退職時には企画課長であったこともあり，町主導の地域づくりの取組みに深くかかわった経験を有する。

　I氏が就職した当時（1978年）の役場では，チームワークで仕事をする機会が多く，地域活性化に関わる業務等には，課を横断した協力体制や人的交流が行われていた。また，地域住民との交流や学びあいの機会も多く，これらの経験を通して，役場の職員が地域に出ていくことの意義と価値を実感していく。さらに，7年間の企画課長時代には地域づくりに関わるさまざまな

170　第Ⅳ部　社会教育の新たな価値と可能性

取組みを通して，地域内外の実践者・研究者との交流の機会があった。たとえば，大学生が地域住民のヒアリング調査・報告会を行った大学リーグの取組み（2008-09年）では，①自分たちが生まれ育った地域（歴史・文化・豊かな自然など）の良さを再確認するだけでなく，聞いてもらうという行為自体が存在の承認の重要な契機になっていること，②それまでは大学教員や専門家といわれる人と「普通に」話せるとは思っていなかったI氏を含む地域住民にとって，誰もが語れる言葉を持っているという感覚を身体化していく。それは専門家主導の「知」のあり方そのものを再構成するプロセスといえるが，五ケ瀬の経験に即してみると，後述する研究者を交えた多様な学習活動が実質化する上でも重要な土台となっている。

　役場時代でのもう一つの重要な学びの場は労働組合活動であった。とくに戸別訪問形式で実施した住民調査は，地域を知り，地域のことを主体的に考える重要なきっかけになっている。当初は組合の活動（過疎バス対策など）を住民に理解してもらうことが目的だったが，ヒアリング後にもっとも心に残ったのは地域の高齢者が五ケ瀬で死にたい，五ケ瀬で暮らし続けたいという言葉であった。その時に芽生えた年金プラスαの収入確保という思いが，後の特産センターでの野菜の直売所の取組み等につながっていく。

　しかし，町の財政難とともに仕事が次第に個別・分業化され，行政の枠内で地域住民とともに話し，行動することの難しさも感じていく。加えて，I氏に早期退職を決意させた背景には，部署移動によって，企画課時代の地域づくりの取組みの過程でつながった地域内外の人々と五ケ瀬町とのつながりが切れてしまうことへの懸念があった。I氏は当時の気持ちを「単に自身のつながりではなく，地域とのつながりが失われることに危機感があった」と述べている[8]。こうして，行政の外に出て，地域内外の多様な人々や組織との継続的な学びあいの媒介的な役割を果たす研究所の設立を決意する。

3．住民主体の地域づくり学習の展開過程

⑴　IU ターン研究

① IU ターン研究とは

　地域づくり研究所の活動の一つのターニングポイントとなったのは，2010年10月〜2013年9月の3年間にわたって取組まれた科学技術振興機構社会技術研究開発センター研究プロジェクト「地域に根ざした脱温暖化・環境共生社会」の第1研究課題である「I/U ターンの促進と産業創生のための地域の全員参加による仕組みの開発」（研究代表：島谷幸宏・九州大学教授，以下「IU ターン研究」）であった[9]。同プロジェクトは，中山間地域における地域主体の自然エネルギーの利活用の取組みを通して，地域産業創出と農山村地域の課題を包括的に解決する枠組みの検討を目的とし，当時ごかせ観光協会事務局長代理を務めていた I 氏も研究メンバーとして参加している。

　IU ターン研究の基本コンセプトは，① IU ターンを進め，新しい産業を創るための仕組みづくり，②地域が持っている再生できるエネルギーの地域活用，③住民総意による小水力発電を活用した地域づくりの3点であった[10]。I 氏は，地域の将来の見通しをもてずにいる中で，エネルギーを使った地域の自立という新しい発想が提案されたことで，五ケ瀬でも何かできることがあるのではないかと思うようになったという。

②地域住民100人ヒアリング

　IU ターン研究開始直後に着手したのが，地域住民へのヒアリング調査「地域住民100人ヒアリング」であった。研究メンバーである九州大学学術研究員の YS 氏と I 氏が中心となって1年間をかけて実施したヒアリング調査は，性別・世代・職業等が異なるさまざまな町民に対して，地域の暮らしや課題，伝統や文化などについて，当時の町民人口の3％に該当する約120人，延べ500回を超えるヒアリングを実施している。

　ヒアリング調査をとおして明らかになった地域課題や関心事は，①少子高

齢化，②働く場の不足，③転勤族の母親層の孤立，④お産施設の不在，⑤獣害対策，⑥地域特産品の創出などに個別で取組んでおり，地域全体の力の向上につながっていないこと，⑦第三セクター（ワイナリーやスキー場）の経営不振と住民の不信感などであった[11]。

　地域課題の可視化と共有を目的としたヒアリングであったが，そのプロセスをとおして，想像以上に地域のことを考えている住民が多いことが明らかになった。地域のことについて考えていないわけでも，アイデアがないわけでもなく，対話の機会がなかったのである。YS 氏は，ヒアリングを重ねていくうちに，地域住民の変化を感じ取っていく。当初は不安や課題を述べていた住民が，省察的に自身の語りの意味を考え，次第に地域の未来について語り始める姿が見られたという[12]。また，ヒアリングではなかなか全てを話さなかったとしても，次に会った時にはいろいろな話ができるような関係も少しずつ構築されていった。I 氏は，ヒアリングの後の地域住民とのかかわりの変化を，役場時代に挨拶する程度の人々と「人として知り合った」感覚と表現する[13]。その経験が，後に展開するさまざまな地域での学習活動の基盤となる話し合い文化の形成に大きな役割を果たすこととなる。

③研究者と地域住民の学びあい

　IU ターン研究をきっかけに，地域づくり研究所を中心とし，多様な住民主体の学習活動と交流が活性化していく。このプロセスでは多くの地元勉強会が開催された。主に男性は，小水力発電の機材制作・デモ発電の学習会やイベントに関わるようになり，それらの学びの中で，たとえば電力が通っていないインドネシアの小水力発電の取組みを知り，発電は先端技術ではなく自分たちで育てられる技術であるという発想へと転換していった。こうして住民が主体となった持続的な地域づくりの具体的なイメージやビジョンが描かれていく。創り出すプロセスへの参加の道具としての発電機の存在は，住民の関心を呼び起こすだけでなく，主体的な学習が自己拡張的に展開する素地となった。これらの取組みの過程で，2013年 1 月に地域づくり研究所内に五ケ瀬自然エネルギー研究所が設立されることになる。

　他方で，女性は IU ターン研究メンバーである 2 人の女性研究者と共に毎

週火曜日に学習会を開催するようになる（女性の会「未来の翼」）。参加者は10名ほどの女性とIUターン研究に関心のある行政OGなどで，100人ヒアリングにおいて浮上した課題を受けて，他地域の助産院の視察や直売所の視察などを実施する。これらの学習活動と運動の結果，2013年から町営の子育て施設「子育て支援センター」が開設された。

　IUターン研究では，多様な場面で話をする機会が与えられた。それらの経験は，自分たちの実践を自らの言葉で語ることの大切さを学ぶとともに，その力を育む契機にもなっている。また，自らの暮らしとの接点から地域の未来について考える中で，将来のことを自分のこととして考える文化が少しずつ根づき，より包括的な地域づくりに向けた意識が醸成されつつある。

　その際，地域づくり研究所は，地域住民と研究者・専門家の接点（交流の場）を積極的に作り出し，住民の「意識の壁」を壊すだけでなく，研究者・専門家の関心を「住民の方に降ろしていく」[14]ことを意識的に行っている。これらの学びのプロセスを踏まえると，IUターン研究は，学びたい層を増やしたというよりは，潜在していた学習意欲を引き出したといえる。

4．学びから地域づくり実践へ

⑴　特産センターごかせの取組み

　IUターン研究終了後も，地域住民の学習は活発化していく。まず，100人ヒアリングでも地域課題として指摘された地域産業，とくに農業問題への新たな取組みが始まった。その拠点となったのがごかせ観光協会が運営する特産センターごかせである[15]。同センターは，1975年から林産物直売所として運営されていたが，経営不振に陥っていた。そこで，地域づくり研究所は地域住民と共に他県の直売所の先進事例（佐賀市，唐津市など）の視察を数回行っている。中でも，もっとも視察グループが関心をもったのは，長野県伊那市にある産直市場グリーンファーム（GF）であった[16]。何でも商品化する，生産者が主体者としてかかわる，そして労働（農業）の成果を実感できるGFの実践に接した女性の会「未来の翼」のメンバーのSSさんは，「そ

174　第Ⅳ部　社会教育の新たな価値と可能性

れまでも地域にいろいろなものがあるのにそのまま放置されているのはもったいないと感じていた。しかし，それをやる人がいなかった。GFに視察に行って，なんでも売れる，それができるということを確信した」と述べている[17]。I氏は，役場勤務（労働組合）時代に実施した地域住民ヒアリングの際に感じた，高齢者がこの地域で暮らすためには年金プラス3万円程度の収入が必要であるという思いが現実のものになると感じたという。

特産センターごかせの責任者であるIB氏は，農家が楽しみながら地域で売る仕組みづくりが必要であるという思いから，野菜の直売や特産センター内の食堂で地域の食材を使いたいと考えていた[18]。そのような中で，GF視察直後の2013年10月に農産物の直売がスタートする。同センターでは，生産者との多様な接点がもてる直売の仕組みづくりを重視している。例えば，野菜の値段は生産者が自分で決め，毎週清算し，売り上げを現金で受け取っているが，そこには生産者，買い物客，スタッフを巻き込むさまざまなやり取りが生まれる。週払いシステムによって必然的に会話も増える。店内に立ち寄ることが習慣化されると，生産者は自分の作っていない作物を購入していくようになる。まさに「生産者が最大の消費者」であるというGFの思想を受け継ぎ，自分たちなりに工夫した仕組みである。長年このような場所が欲しいという思いがあったが諦めていた生産者も，今では「売ってもらうだけでなく，買い物で応援したい」という意識に変化しているという。

直売コーナー開始当初は，役場や観光協会からは理解を得ることができず，独立採算でやるという条件であった。それを支えたのが地域づくり研究所であり，女性の会だった。地域づくり研究所は，同研究所が企画したGF創設者の小林史麿氏の講演会（2014年3月）の際，前日に地元生産者とGF視察に行ったメンバーで話し合い，共に準備をするなど，常に地域住民が主体的に学び，行動する省察的学習の場づくりを心掛けている。2017年11月に行われた2回目の講演会では「ごかせなんでも市」と銘打った野菜・特産品や食事が提供される販売会が住民主体で企画され，100人を超える地域住民が参加している。思いをもっている人がつながった瞬間だった[19]。

直売開始前年（2012年度）の年間販売金額は4,181万円（うち食堂1,139万円，売店3,042万円）であったが，直売コーナーを設置した2013年10月以

降，実績は年々伸び，2018年度は野菜だけで4,716万円，総販売額は1億337万円にまで成長している。加えて，相乗効果で他の2部門（食堂1,702万円，売店3,919万円）も売り上げを増やしている。直売所開始当初は81名だった出荷者は，2018年度には303人にまで増加し，約8割が女性である。

　もう一点注目されるのは，年間5万円以下の少額の生産者が約半数存在することである。つまり，収入増だけでなく，生きがいの創造や自由に立ち寄れる居場所としての機能も特産センターが有しているものと考えられる。これらの変化と並行するように来客数（レジカウント数）も2012年度の23,886人から89,176人にまで増加している。

　特産センターは，当初から地域のニーズを重視し，それにこたえる事業の展開を志向してきた。これらの取組みの延長線上に，2018年6月から町内の高齢者サロン25ヶ所に月1回巡回販売を行っている。こうして，住民主体の学習活動と協同の輪が広がる中で，産業（農林業）と福祉とが自然な形でつながっていった。

⑵　多様な地域づくりと学習活動の自己拡張的展開と協同の広がり

　その後，五ケ瀬町では，地域づくり研究所に連なるさまざまな住民主体の学びと協同の実践が展開していく。

　その一つが福祉の活動である。五ケ瀬町役場を早期退職して生活支援コーディネーターになったWYさんは，2016年度から1年半かけて実施した65歳以上の高齢者が住む約300世帯への訪問ヒアリングを通して，公的介護支援の対象外である高齢者の行き場がないことを知った。そこで，2017年4月にボランティア養成講座等で出会った役場，看護師，保育士OGを中心に8名の女性たちで五ケ瀬たんぽぽの会（2018年11月に「結ネットたんぽぽ」としてNPO法人化）の活動をスタートした。町のふれあい施設で開催する「おしゃべり日和」は，日常生活のちょっとした困りごと支援や居場所を提供している。当初は週3回の開所であったが，曜日によって町内循環バスのルートが変わるため，毎回来たくても来られない高齢者のニーズにこたえるため，2019年5月以降，平日は毎日（9：00～15：30）開催している。現在

176　第Ⅳ部　社会教育の新たな価値と可能性

は，町内7ヶ所の居場所支援を実施しており，2018年度のおしゃべり日和の利用者は延1,260人であった。また，地域づくり研究所と共に学び，講演会や研修を重ねていく中で，福祉と農業（特産センター）の活動がつながっていく。サロン等では，前述の巡回販売を協同で行っているだけでなく，農業をやり続けられる環境を創ることも福祉であるという意識をもつようになる。そのプロセスを経てたどりついた一つの結論は，「福祉と地域づくりの境界はない」ということであった[20]。

二つは，2018年4月に始動した鞍岡未来づくり協議会である。2017年11月，地域づくり研究所は町長からの依頼を受けて五ヶ瀬町基本構想を作成・提出している。しかし，その後の役場からの返答は予算措置ができないというものであった。そこで，地域づくり研究所は，鞍岡地区（旧鞍岡村）をモデルに住民自身でその計画を実行することにした。「地域住民自らで地域の課題と解決法を見出し，それを住民の合意を得ながら実証により検証し，活動計画に反映させることが，今後，住民主体で持続可能な地域を目指していくためには非常に重要である」（設立趣意書）という考えのもとに結成された同協議会は，20歳代から70歳代にわたる多世代の地区住民で組織され，2ヵ月に一回のペースで会議を開催し，農と食・エネルギー・福祉・教育をトータルな視点で結びつけた住民が暮らしやすい地域づくりにむけた学習と実証的検証を重ねている。この取組みには，2015年3月に廃校になった鞍岡中学校の再活用方法について，話し合いを深めながら住民が納得する形で進めていくという意味合いもあった。これらの住民たちの取組みを目の当たりにした行政側の反応にも少しずつ変化がみられるようになり，同様の取り組みを町内の他地区にも波及させるための試みが動きつつある。

三つは，鞍岡未来づくり協議会の活動を後押しする存在としても重要な役割を発揮している鞍岡大好き女子会（2017年11月設立）の取組みである。同会が結成されたきっかけは，旧鞍岡中学校の活用に関する議会報告の際，一部の地域住民が依然として行政依存型の質問・要求をする姿に違和感をもったことによる。自分たちでできることは自分たちでやる相互自助が地域づくりの基本ではないかという思いから4人の女性を中心に結成された同会には[21]，現在では約60名の女性がつながっており，毎月20日に旧鞍岡中学校で

話し合いの場（20日会）をもっている。女性グループが学びを行動に移すスピードは早い。20日会や鞍岡未来会議で話し合われたことが次々と実現され，現在では旧鞍岡中学校を拠点に，各家庭の健康器具を持ち寄ったジム（週2回），クリスマスリースの制作販売，鹿児島県日置市の生ごみリサイクルの取組み視察に刺激をうけて始められた特産センターとの連携プロジェクト「クリーンマーケット」（家庭に眠っている雑貨などのフリーマーケット），さらには第3回鞍岡会議（2018年10月）でアドバイザーのYDさんが提案した花のある街づくりをうけて2019年3月には桜の植樹活動も行っている。女子会の特徴は，話し合いや学びあいだけでなく，それが実験・実証活動へと連動している点に見出すことができる。また，各自の活動の自由度は高く，場や関係性は非常にゆるい。中心メンバーのSS氏は「全員が無理に参加・活動する必要はない。ゆるやかにつながり続けていることが大切」と述べている[22]。同地区でリーダー的な存在である男性AMさんはこれらの女子会活動を「組織があって組織がないような感じ」と表現している[23]。これらの取組みに地域の自立と人間らしい営みを取り戻すための学びの一つの到達点をみることができよう。

5．結論

　本稿では，住民主体の学習・研究活動を起点に多様な地域課題解決にむけた地域活動や協同が広がる過程の分析を通して，持続可能な地域づくりにむけた社会教育の現代的価値の検討にむけた枠組みを整理することを試みた。以下では，五ケ瀬地域づくり研究所を核とした事例分析に即して，その特徴をまとめてみたい。

　本実践の特徴は，住民主体の学習・研究活動が多様な地域のつながりを生み出し，協同的な学びの文化（習慣）として地域に蓄積されているプロセスそのものに見出すことができる。そのような住民主体の学びあいの一つの契機となったのがIUターン研究であった。とくに，地域住民100人ヒアリングでは，さまざまなアイデアや思いを持っている人が多く存在することが明らかにされた。それは新たな課題や資源の発見というよりは，もともと地域

に眠っていたものを引き出す試みだったといえる。ただし，この段階では住民が課題や思いを共有し，行動に移す実践への展開までには至っていない。

　そのつながりが一過性のもので終わっていないのは，常に全体的・持続的地域づくりという方向性を意識的に考えながら行われる学習と行動が有機的に結びついているからであろう。それを可能としたのが地域の人々をつなげ，多様な学習を組織化する地域づくり研究所の存在であった。

　加えて，学びと行動の接続のハードルを突破するためにいくつかの装置が整えられているのが本実践のもう一つの特徴である。一つは自由度の高い学びの場と関係性であり，二つは創り出すプロセスへの参加を促すさまざまな道具（発電機制作，視察，直売コーナー，外部研究者との出会い）である。こうして，住民行動への物理的・精神的な参入障壁が取り除かれ，その延長線上に領域や組織の枠組みをこえた協同の輪が広がっていった。

　このようなプロセスを経て，断絶された学びの連続性を取り戻し，学ぶこと自体を住民自身が主体的に見つけ出す自己拡張的な学習の可能性が生まれつつある。I氏は，これらの一連の試みを通して生み出された学びのサイクルを「学びの慣れ（習慣化）」と表現する。それは，地域（住民）が自分たちで考える文化を根づかせる試みといってもよいだろう。そして，その先に見据えているのが，皆が語り合うことによって「民意」が高まることであると指摘する。このような地域づくり研究所を起点とした「学びあう地域づくり」の協同的営みは，生活の孤立が急激に進む現代において，つながりを人間化し，地域の暮らしに根ざした主体的な学びの文化を育む社会教育の現代的価値の再発見にむけた重要な示唆を提供してくれるものと考えられる。

【註】

1 ）フレイレ，P.（1979）『被抑圧者の教育学』亜紀書房.

2 ）レイブ，J. & ウェンガー，E.（1993）『状況に埋め込まれた学習』産業図書.

3 ）佐藤一子（2006）『現代社会教育学―生涯学習社会への道程―』東洋館出版社，201頁.

4 ）鈴木敏正（1998）『地域づくり教育の誕生』北海道大学図書刊行会，佐藤一子編著（2015）『地域学習の創造』東京大学出版会など。

5 ）事例分析は，2013年以降，定期的に実施している現地ヒアリング調査（五ヶ瀬地域づ

くり研究所，五ケ瀬町役場・教育委員会，NPO，町会議員，まちづくりアドバイザー・研究者，地域住民）に加え，地域住民が主体となって企画・開催された講演会や会議等への参与観察をもとにしている。

6）五ケ瀬地域づくり研究所会報誌『雫―しずく―』2013年10月1日号．

7）地域づくり研究所は，その組織体制を維持しつつ，2013年1月に五ケ瀬自然エネルギー研究所（2015年3月より合同会社五ケ瀬自然エネルギー社中）を併設しているが，以下では，五ケ瀬地域づくり研究所で名称を統一する。

8）I氏へのヒアリング（2019年2月19日実施）より。

9）同プロジェクトについては，島谷幸宏・山下輝和・藤本穣彦（2013）「中山間地域における小水力発電による地域再生の可能性」室田武他著『コミュニティ・エネルギー』農漁村文化協会を参照のこと。

10）五ケ瀬地域づくり研究所会報誌『雫―しずく―』2013年11月15日号．

11）「地域住民100人ヒアリング」に関しては，山下輝和・藤本穣彦・石井勇・島谷幸宏（2010）「小水力エネルギーを起点とした地域住民の主体生成過程に関する一考察」『河川技術論集』第18号，pp.565-568を参照のこと。

12）前掲，山下他（2010）およびYS氏へのヒアリング（2019年5月2日実施）より。

13）I氏へのヒアリング（2019年5月2日実施）より。

14）I氏へのヒアリング（2019年3月21日実施）より。

15）ごかせ観光協会は1985年に任意団体として設立され，2009年に特産センターごかせの指定管理者となり，2010年10月にNPO法人化。役場を早期退職したI氏は2010年6月より事務局長代理に就任し（～2012年3月まで），現在も理事として携わっている。

16）グリーンファームの実践については，小林史麿（2012）『産直市場はおもしろい！―伊那・グリーンファームは地域の元気と雇用をつくる』自治体研究社，及び大高研道（2014）「社会的企業のコミュニティ媒介機能―産直市場グリーンファームが生み出す創造的自由空間―」神田健策編著『新自由主義下の地域・農業・農協』筑波書房を参照。

17）SS氏へのヒアリング（2019年5月1日実施）より。

18）IB氏へのヒアリング（2019年5月2日実施）より。

19）第2回講演会（2017年11月26日開催）には筆者も参加。

20）WY氏へのヒアリング（2019年5月1日実施）より。

21）うち2名はIUターン研究時に結成された女性の会「未来の翼」のメンバーでもある。

22）SS氏へのヒアリング（2019年5月1日実施）より。

23）AM氏へのヒアリング（2019年3月20日実施）より。

地域づくりにおける公民館の役割
―つくば市における乳幼児家庭教育学級の取組みを事例に―

上田 孝典

1. 課題

　本稿は，つくば市の公民館[1]で開設されている乳幼児家庭教育学級（以下，「学級」）を事例に，公民館事業を通じて親子の育ちの場が保障され，地域の子育て支援ネットワークに包摂されることで，子育てを介して地域とのつながりが構築されていく仕組みを明らかにすることが目的である[2]。

　1946年7月に全国の地方長官に宛てて発出された文部次官通牒「公民館の設置運営について」[3]をきっかけとして，公民館は「社会教育の中心的役割を果す施設」[4]として全国の市町村に設置され，今日まで膨大な学習実践が蓄積されてきた。公民館については，「公民館は郷土振興の基礎を作る機関」[5]と構想され，「市民性の涵養などの国民的課題や地域的課題の解決のための学習は公民館活動としてきわめて重要」[6]との指摘や「公民館活動の究極のねらいは，住民の自治能力の向上にある」[7]との提言にみられるように，そこでは「実際生活に即する教育，学術及び文化」（社会教育法第20条）に根ざした学習活動を通して「住民自治」を基礎にした地域づくりに寄与することが重要な役割として位置づけられてきた。しかしこの間，例えば1969年に国民生活審議会より出された報告「コミュニティ―生活の場における人間性の回復―」を嚆矢として展開されるコミュニティ政策の推進により，地域づくりは首長部局において取組まれるコミュニティ行政が主導するように

なる[8]。また1980年代以降の生涯学習政策の推進は、「多様な学習機会や集会の場の提供など地域における住民の学習需要に総合的に応える社会教育施設」[9]として公民館が位置づけられ、結果として総花的な学習ニーズの充足を主眼とした趣味サークルの活動場所として貸館化が進行していった。さらに1990年代後半より、行財政構造改革の流れの中で生涯学習振興政策の一般行政化が進み、「平成の大合併」による公共施設の再編整理、指定管理者制度の導入、文化・スポーツ施設の首長部局移管など、今日の社会教育行政および公民館を取り巻く環境は施設数、職員数、事業数などあらゆる指標で後退を示している[10]。

　他方で、現安倍政権下で2014年から推進されている「地方創生」政策は、人口減少と地域経済縮小の克服を掲げ、東京一極集中の是正、若い世代の就労・結婚・出産・子育ての希望の実現、地域の特性に即した地域課題の解決を基本的視点として、「しごとの創生」「ひとの創生」「まちの創生」という地方創生が目指されている[11]。そして、地方自治体にも地方人口ビジョンや地方版総合戦略を策定させ、特区指定での規制緩和や補助金を原資に地域の資源や人材を活用した内発的な地域活性や産業創出を促そうとしている。しかしながら、抜本的な地方分権の議論や条件不利地域の構造的問題を捨象し、地方の創意工夫のみに頼る自主・自立を自治体に強いることで、地方間での生き残り競争を助長している。こうした社会背景の中で、公民館での学習実践が地域づくりに果たす意義も見直されている[12]。しかし、地域づくりや地域活性化に資する学習活動がモデルとして推奨され、地域住民を巻き込んだ地域づくり活動が優良事例として強調されるほど、眼前に展開している参加・行動へと直線的に結びつく学習のみに価値が置かれ、地域リーダー養成講座やまちづくりワークショップなどと冠された明示的な学習が、全国の公民館でも要請されるという権力作用も指摘されている[13]。

　以上のような課題意識を踏まえ、本稿ではつくば市の公民館で取り組まれてきた「学級」を事例に、日常的な「実際生活」の中から生み出されてきた学習実践の蓄積が、子育て支援をめぐって地域づくりにいかなる役割を果たしてきたのかについて考察することを目的とする。このことを通じて、地域活性化を前面に掲げる学習だけでなく、地域住民の日常に立脚した課題につ

いての着実かつ継続的な学習実践の積み重ねの中から，地域を支える担い手が育ち，持続可能な地域づくりへの基盤になっていることが明らかになるだろう。なお，本稿の執筆にあたり次の4名から聞き取りを行った。Aさんは長年にわたり子育て支援の居場所づくりを公民館で主宰している。Bさんは自主保育事業やプレーパークを運営する傍ら，子どもの外遊び活動などの子育て支援活動に携わっている。Cさんは社会教育指導員として約10年の経験があり，家庭教育学級への指導助言を行っている。Dさんは昨年度まで3年間にわたり学級生として参加し，役員も経験している。

	年齢	つくば市在住歴	調査日
Aさん	70代	30年以上	5月15，22日
Bさん	60代	30年以上	5月15日
Cさん	60代	20年以上	5月15，18日
Dさん	30代	5年未満	5月19日

２．つくば市における乳幼児家庭教育学級

⑴ つくば市の概要と社会教育の状況

　つくば市は，1961年の閣議決定「官庁の移転について」を受けて，1963年に「筑波研究学園都市」の建設が閣議了解されたことに始まる。建設に当たって，旧桜村を中心とした「研究学園地区」は「公共施設，公益的施設及び一団地の住宅施設を整備すべき区域」[14]とされ，住宅団地にショッピングセンター，小中学校，幼稚園，保育園，児童館，公民館などが計画的に整備配置された。その後，1987年に3町1村の合併により市制施行され，2005年に秋葉原～つくば間を結ぶ「つくばエクスプレス（TX）」が開業したことで都心へのアクセスが向上した。そのため沿線開発が加速化し，近年は新興住宅地の造成により子育て世帯の人口が急増している[15]。現在の人口は約24万人で，つくば市立の小学校29校，中学校12校，義務教育学校4校がある。

　社会教育行政について，2008年に教育委員会生涯学習課を市民部文化振興課へ移管し，2011年には公民館が地域交流センターへと改組された。しかし

2018年より教育局に生涯学習推進課が設置され，社会教育・生涯学習行政は教育委員会へと戻されている。公民館は市内に17館あり，うち市民ホールや体育館の併設が5館，出張所の併設が5館，職員は専任職員（係長，主査）に再任用や臨時職員を加えて各館3～5名が配置されている[16]。

　家庭教育学級は社会教育事業に位置づいており，幼稚園から中学校まで基本的にすべての市立学校で家庭教育学級が開設され，参加者は年間延べ2万人に上る。なお，週3日勤務の嘱託職員として社会教育指導員16名が各館に配置され，講座の企画や講師の派遣など家庭教育学級の支援を行っているほか，年3回の家庭教育講演会の開催，保護者の集まる就学時検診や入学説明会では家庭教育セミナーを開催している。本稿が取り上げる「学級」は，10公民館で開設されており，定員は各30組程度である。その運営の特徴について，以下では三つの視点から検討する。まず第1に「相互保育」である。これは母親がペアになって2グループに分かれ，お互いの子どもを保育するという方法である。第2に「自主企画・自主運営」の方針である。受講者の中から役員を決めて，講座の企画から運営，当日の進行などすべてを役員が話し合って計画し実施している。第3に，子育て支援のネットワークである。「学級」の運営を直接的に支えているのは社会教育指導員や保育ボランティアであるが，地域で活動する様々な子育て支援サークルが「学級」をその輪の中に包摂させている。

⑵　乳幼児家庭教育学級の始まりと「相互保育」

　「学級」の始まりは，1982年に竹園公民館で実施された竹園若いミセスの講座「女として母として─子育てを考える─」がきっかけであった。竹園児童館の母親クラブの会員が中心になって企画した講座で，受講者募集のチラシには「私達は近代的未来都市といわれる整えられた美しい街，筑波研究学園都市に移り住み生活しています。たしかに街は立派に出来上がったけれど，そこに住む人と人のつながりは果たして十分できているといえるでしょうか。（中略）ひとりで考えるのではなく，みんなで考え，互いに育児を語り合う場が欲しいと思っている方も多いのでは……と思います」とあり，誰

も知り合いがいない未知の研究学園都市に移り住んだ不安な思いと，子育てを介して同世代の仲間を求めていた様子が分かる。Aさんは「本当に何もなかったんです。みんなまるで島流しのように移り住んだ人たちが立ち上げたんです。京都で幼稚園の園長先生をしていた○○さんとか，お茶大の保育を出た方とかが何人かいらして」と語る。月2回全13回で，映画鑑賞やリズム遊び，講演会（「子どもの心身の発達」「地域社会と子育て」），座談会などの講座が組まれ，テキストとして伊藤雅子著『女の現在』（未来社，1978年刊）を読み合って感想を語り合うこともしていた。Aさんによると「その頃の新住民は最先端の考えをもった人たちなので，旧桜村の役場の人にとってはお説ごもっともで，他ではこんなことしてますよと言われれば，やらざるを得ないという感じで」という。受講後の感想には「母と子，それぞれお互いに『成長のための距離』がもて，母親はここ数年味わえなかった一女性として，人間として物の考え方などを充電する場が与えられ，又，子どもにとってはいつもとは違った集団の中で驚きや発見があり，親以外の人々とのかかわりを通じて一段と成長したように感じます」と記されている。現在は「学級」の特色でもある「相互保育」は，すでにこの講座から始まっている。「国立市で伊藤雅子さんという方がそういう本を出していて，若いミセスの会でテキストにして読んでたらしいんですね」とBさんが言うように，国立市の公民館保育室や託児付き講座などにヒントを得て導入した仕組みで，母親がペアになり，講座を受講する間はお互いの子どもを交代で保育するという方法である。

　この講座の受講者を母体として，1983年につくば市（旧桜村）で最初の「学級」が竹園公民館で開設された。その記録『「たのしい子育て」講座のあゆみ』には，「昨年度の学習では，さまざまな育児に関する情報の中で，子どもの発達のみちすじをとらえ，真の子どもの幸福とは何かを考えていくことの必要性と，母親自らの地域参加による，地域的取組みが不可欠であるということを学びました。その活動が認められ，本年度は教育委員会主催の家庭教育学級"たのしい子育て"としてスタートしました」とある[17]。定員は50組，全10回で実施された。講座の内容については，「参加者の自らの意思により，共通の課題を発見し，自主的に解決していく意欲と解決のための学

地域づくりにおける公民館の役割　185

習意欲を尊重する」との方針から実行委員会方式で、「豊かな人間関係を育てよう」「食生活をみなおそう」「発達のみちすじ、生活のリズム」のテーマが設定された。当時の公民館主事は振り返って次のように記している。

> 社会的には、これまでほとんど無力で無名な存在であった若い母親が、集団体験を通じて地域社会の中で何らかの力を形成しうる可能性を示した。特に保育を共有したという経験は大きい。ともあれ、子どもから離れることができなければ、自由で積極的な活動は不可能なのであるから。乳幼児のいる若い母親が自らの生活を改善するため学習や地域活動を行うためには自分の子どもを預けることが不可欠となる。核家族化の中では同様の環境にいる若い母親たちが連帯し、協働して保育にあたり互いに助け合うことが必要となる。（中略）社会教育とかコミュニティ形成の主体が本来住民であるかぎり、自治意識が形成され、これに基づいたそれなりの手続きを経て施策化されるべきだと考える。

竹園公民館での「学級」を嚆矢として、その後は他の公民館でも開設されていくことになる。翌84年に2学級目となる並木公民館に開設された「学級」の『記録』には、「初めて接する子どもをポンと預けられてとまどった」「普段はほとんど泣かないのですが、ずっと泣き続けていたようです」「2時間もほかの人に保育をしていただくことが最初とても不安でした」など、他人の子を自分が保育することや他人に我が子を保育してもらうことの不安や心配が語られている。また当初は、講座を受講するグループと保育を担当するグループが分かれていただけだったため、「保育では、子供をどの保育者に任せていいかはっきりせず困りました」「保育の前にまず誰がどの子をみるかということをきちんとチェックする必要があります」「子どもの性格、年齢を加味して組むのが良いのではないか」などの感想が寄せられていた。そのため、3年目から「ペアを決めた事はよかったと思います」とあるように、試行錯誤で改善しながら工夫を重ねていった様子が看守される。6年目の『記録』には、年齢（月齢）により「いぬ・ねこ・ぞう・うさぎ」に班分けされた思い出カードが掲載されている。「前回の学級の反省も含めて、少

しでもよそのお子さんを2時間近く預かることの負担が軽くなるように，いろいろ役員で計画したのですがいかがでしたでしょうか」と実行委員が記しているように，発達の個人差が大きい乳幼児を母親同士で安心して保育するための工夫である。現在では，「学級」により違いはあるものの「親子の自己紹介文を用意してもらって，開級式の後にペアの子ども同士を遊ばせて親子で交流してます。お休みの人もいるからボランティアさんにも入ってもらうし」とDさんは言う。最初に学級生相互の情報を共有し，学級生OBなどによる保育ボランティアの支援を得ることで，「相互保育」の質も高められている。『記録』には「よその子の世話をして，わが子と同じ所，違う所を知り，勉強になった」「はじめての子どもでわからないことばかり。お互いに保育し合うことで，わが子以外の様々な子どもたち，そして母と子のあり様をみることができました」など，「相互保育」による学びが記されている。

(3) 並木乳幼児家庭教育学級にみる役員の活動

　並木公民館での「学級」の1年目の講座内容は「自然の中の子どもの目（環境保護団体）」「リズム体操（保育園園長）」「食生活と歯，あごの発達（歯科医）」「上手な医者のかかり方（小児科医）」「おはなしの世界（おはなしの会）」など充実した講座内容となっている。実行委員会は，次年度も受講を希望する親に声をかけてお願いしていたようである。例えば「下の子が1歳10ヶ月になり何かに参加したいと思い始めたころ，実行委員の話がありました。最初から企画にたずさわるのもいいんではないかと思い軽い気持ちで引き受けたのですが，テーマの設定，日時，場所の確保，講師の依頼等，自分の力は微々たるものと知りました」とあるように，最初から自分たちで計画を作り出していく苦労が感想に掲載されている。役員経験のあるDさんも，「役員の数は決まってなくて，去年は6人だったかな。前年の学級が終わる頃に役員さんに声をかけられて，他にもメンバーを集めて係を決めて……」と語る。「学級に参加するだけの時は考えなかったけど，自分たちが企画するとなったら，とにかく内容を決めるだけじゃなくて進行はどうする

かとか，講師の先生をどうするかとか，ペア決めはどうするかとか，決める
ことが多すぎて本当に大変でした」と運営側の苦労を実感したようである。
『記録』からも「毎週あちこち買い出し，同じものをしないように限られた
金額を使っていろいろ工夫したり，四苦八苦」，「分量とおやつの好みや扱い
やすさ，大きさ，かたさがわかるまで，やはり試行錯誤だった」などとおや
つの準備だけでも大変だった様子がわかる。しかし「今回は実行委員として
いつもの"待っているための保育"ではなく，"子どもが楽しく遊べる保育"
をめざして，係のあり方（班ごとの保育係の重要性），予算のとり方（人数
が多く，風船しか買えませんでしたが），保育時間の配分の仕方等について
話し合いました。（中略）次回の実行委員さん，そして参加するお母様方は
もっともっと話し合い，工夫し合い，これからの乳幼児家庭教育学級を楽し
いものにしていただきたい」と改善に向けた話し合いの重要性が記されてい
る。だからこそ4年目の『記録』からは，「次回に向けて」として話し合い
の中で気づいた点を共有し，次期実行委員会へ申し送りする内容が掲載され
たり，講座の録音テープの貸し出しを始めたり，年度を重ねるごとに充実し
た学級運営が目指されていた様子が伺える。また「他愛のない話が，又楽し
いですね。あまり形式ばらずにザックバランなおしゃべりができて良かっ
た」という座談会を設けたり，映画鑑賞では「久々のラブストーリーは実に
新鮮でよかった」「教育的内容をあえて選ばなかった実行委員の方に感謝」
など，育児に追われる母親がリラックスし，リフレッシュすることの意義が
確認できる。現在の「学級」でも，アロマセラピー，ヨガ，音楽鑑賞会な
ど，お楽しみ講座を設けている。3年目の学級長の感想には「育児に追われ
る私たちが，日常とは違うものにふれたり，考え，話し合う絶好の機会だと
つくづく思いました。（中略）受講をきっかけにサークル活動も始まったと
耳にし，今回の学級がお役に立ったのを嬉しく思います」とあり，「学級」
が育児から解放されるひと時であり，母親同士の学習や交流が友情を育む場
となっていたことがわかる。

⑷　子育て支援のネットワーク

　学級は，自主企画・自主運営を基本としているが，社会教育指導員が助言者として重要な役割を果たしている。Ｄさんは「指導員の先生は館によって違うけど，私の場合は他の学級ではどんな講座をしてたかとか，どんな講師がいるかとか，よく相談にのってもらいました。基本的に『ダメ』とは言われないんだけど，遊び的なことばかりだと『お菓子作っておしまいじゃなくて，栄養的な内容を盛り込んだら』とかはあって，内容まで決めてくれなくて『お母さん方で話し合って決めてください』っていうスタンスでした」と語る。その他にも，保育ボランティアの調整や講師の派遣，教育局との連絡調整などの事務手続きを担っている。保育ボランティアは，相互保育の手伝いをするボランティアであり，2時間の講座の間を退屈させないようにパネルシアターやリトミックなどをすることもある。「以前の学級生だった人も多いですね。相互保育の様子もわかっていますから」とＣさんは言う。

　こうした直接「学級」に関わる人々だけでなく，つくば市内には20以上の乳幼児期の親子を対象とした子育て支援サークルが存在している。Ａさんは1996年から2か所の公民館で，週1回午前中の2時間だけ乳幼児の母親の居場所を作っている[18]。親子合わせて年間延べ1700人ほどが訪れる。ボランティアスタッフ3〜4名が待機し，おもちゃ，ぬいぐるみ，絵本などを並べて自由に親子で遊べる部屋を用意し，中には遠方からも親子が毎回10組ほど集まる。決まったメニューはなく，出入り自由で何をするわけでもなく思い思いに親子がのんびりと時間を過ごす。利用者同士で世間話をしながら，必要に応じてスタッフが話題を振ったり，母親に代わって子どもの相手をする。「乳幼児学級の募集って，4月に終わっちゃうんですよね。転勤してくるのは春とは限りませんよね。そういう人は入れない。誰も知り合いがいないと行き場所がないのよ」という。「学級」の経験者や保育ボランティアをしていたスタッフもいて，初めての利用者には，「学級」を含む市内の子育て支援に関する情報を提供し，「ぜひ行ってみたら」と声をかけている。

　2006年「つくば市子育て支援かるがも・ねっと」（以下，「ねっと」）が発足した。これは「つくば市には，子育て支援に携わる機関・団体・グループ

がたくさんある。しかし，それらの機関・団体・グループは，各々が個別に活動していて，結びつきに欠けている。また，市の中心部に偏っている。そのため，持てる力を十分に発揮できず，必要とする支援を十分に提供できずにいる」という思いから，大学の研究室の協力のもと立ち上げた子育て支援のネットワークである[19]。設立に関わり現在は世話人でもあるBさんは，当時の思いを「子育て支援は親子を中心に様々な立場の人が互いに支え合って作っている大きな輪のようなものです。一つの立派な活動がカバーするものではなく，きめ細かいそれぞれの活動の上に，こういう相談ならどこへ，この地区の親子ならあんな場を紹介しよう，とつなぎ合うことが大事な支えだと感じています」[20]と記しているように，それぞれの活動の固有性を大切にしながら，適材適所に補い合えるような緩やかなネットワークである。活動の中心は，「つくば子育てカレンダー」を毎月発行することであり，各所で無料配布している。ここには様々なサークルや施設などが非営利で提供している誰でも気軽に参加できるような活動が網羅されており，カレンダーになっているため日時が一目で分かるようになっている[21]。また，つくば市や会員団体などとの共催で，年に数回の学習会や講演会も開催している。その他，保育園，幼稚園，児童館，子育て支援センターなどとも相互に情報を共有し，必要に応じた連携を図るだけでなく，学びを通じて地域で果たすべき役割をそれぞれが考える機会になっている。「ねっと」の学習会に参加したある社会教育指導員は「学習会では多くの方々の活動について学んだばかりではなく，私自身も（社会教育指導員として）公民館での子育て支援について報告する機会もあった。これは自分の担当していることを他の人に説明するという行為を通して自分自身の仕事を客観的に振り返るよい機会となった」と感想を記している[22]。このような子育て支援をめぐるネットワークが形成されていることで，「学級」の活動が単発のものではなく，それ以外の様々な場と機会とが相まって母親同士の交流を促進し，子どもたちの成長を支える地域づくりが実現している。

３．地域づくりに果たす公民館の役割

　地域づくりは，狭義には人口流出や高齢化といった中山間地を中心とする地域的課題を克服する取組みがイメージされるだろう。しかし本来の地域づくりとは，様々な立場の生活者の視点において，日々の暮らしをより良いものにするための地域社会に働きかける営為といえる。その意味で，家族を形成し子どもに恵まれた親にとって，子育ては最初に直面する未知の学習課題である。子育て支援の取組みは，子どもや親の成長を社会的に支える活動であり，地域づくりの重要な取組みであろう。つくば市の「学級」は，親自身の手で創り出され，30年以上にわたって継続されてきた社会教育実践である。そこでは「相互保育」の手法によって，自身の子育てを客観視し，我が子だけではなくどの子も健やかに育む視点を獲得し，子どもを育てる観点から地域社会を捉え返す契機になっている。また「自主企画・自主運営」によって，サービスを享受する客体ではなく，担い手としての主体形成への契機となっている。そして「学級」を含めた子育て支援の緩やかなネットワークに包摂されることで，地域で活動する多彩な人々と出会う契機となっている。その中には，かつて「学級」を受講した元学級生も多い。公民館の役割は，顔の見えない市民に向けた教養講座にお客さんを集めることではなく，その地域の実状に合わせた「実際生活に即する」課題と向き合う学習機会を創出し，その学習活動の拡がりと継続性を保障していくことだろう。だからこそ，公民館の取組みは地域によって多彩でなければならず，一つの事例を単純に一般化することはできない。つくば市に住む子育て世代の若い新住民にとって，子育てに関わる学習が地域への入口であり，そこに公民館での学習活動と社会教育指導員の存在が位置づいている。

　本稿では，「学級」の実践から公民館が果たしてきた意義と役割の限られた一面を見たに過ぎない。また「学級」が直面している問題も多い。とりわけ，依然として学級の運営が母親だけに限定され父親の育児参加の視点が弱いことや，共働きの増加で職場復帰とともに地域との関わりが見られなくなること，役員の担い手不足などが挙げられる。しかし，Ｄさんは子どもの

幼稚園入園を機に，今年から自然保護活動に取組む団体のボランティアを始めた。公民館での講座を通じて地域を支える人を育て，被支援者から支援者へと役割の循環が生まれるような，「実際生活に即する」学習活動の場となることこそ，公民館が果たすべき重要な役割であろう。

【註】

1）後述するように，つくば市では2011年に公民館は地域交流センターへと改組され，市民部へ移管された。しかし，本稿の主題である乳幼児家庭教育学級は従前どおり継続されており，本稿では公民館と表記する。

2）家庭教育学級についての記述は，社会教育委員会議資料（2016〜2018）を参照し，2018年度までの実態に基づくものである。ただし2019年度においては，乳幼児家庭教育学級が乳児学級（2学級）と幼児学級（7学級）に分けられ，社会教育指導員も13名に減員されるなど開設方法の変更が予定されている（5月26日最終閲覧）。

○2016年度

https://www.city.tsukuba.lg.jp/_res/projects/default_project/_page_/001/002/721/syakaikyouiku2017.pdf

○2017年度

https://www.city.tsukuba.lg.jp/_res/projects/default_project/_page_/001/002/720/shakaikyouiku2017.pdf

○2018年度

https://www.city.tsukuba.lg.jp/_res/projects/default_project/_page_/001/003/943/syakaikyouiku2018.pdf

　また「学級」の歴史については，以下の資料を参照した。

○竹園若いミセスの講座「女として母として」―子育てを考える―受講者募集のお知らせ（チラシ）。

○『昭和58年度竹園乳幼児学級「たのしい子育て」講座の歩み』桜村教育委員会竹園乳幼児家庭教育学級実行委員会。

○『記録』昭和59年度（第1回）〜平成2年度（第8回）並木乳幼児家庭教育学級実行委員会。そのうち第6回『SCRAP BOOK』，第7回『ボク・わたし・おかあさんの思い出・おしゃべり箱』，第8回『おもいで』のタイトルがついている（以下では，『記録』と記す）。

3）「公民館の設置運営について」（文部次官，1946年7月5日）。

4）「公民館の充実振興方策について」（社会教育審議会建議，1967年6月23日）。

5）前掲「公民館の設置運営について」。

6）前掲「公民館の充実振興方策について」。

7）全国公民館連合会『公民館のあるべき姿と今日的指標』1967年。

8）「コミュニティ―生活の場における人間性の回復―」（国民生活審議会調査部コミュニティ問題小委員会，1969年9月29日）。

9）「公民館の整備・運営の在り方について」（生涯学習審議会社会教育文化審議会施設部会，1991年6月）。

10）例えば，文部科学省の社会教育統計（2015）によれば2005年からの10年間で18,182館から14,841館に約20％減，公民館主事は17,805人から13,275人に約25％減，公民館の学級・講座数は164,632件から123,877件に約25％減となっている。

11）「まち・ひと・しごと創生総合戦略」（2015改訂版）2014.12.27。

12）例えば，小田切徳美『農山村は消滅しない』（岩波新書，2014）や山崎亮『縮充する日本―「参加」が創り出す人口減少社会の希望―』（PHP新書，2016）など。

13）原山浩介「農村社会を規定する「多様性」の政治―「地域活性化」をめぐる議論を念頭に置いて―」（平野敏政編『家族・都市・村落生活の近現代』慶応義塾，2006）原山は，「優良事例」について「地域の現実のある一局面を誇張したもの」であり，「対象となった地域社会の現実の一部をある鋳型にはめこみながら，他の地域にも同様の在り方を求めていくという権力作用を持つ」（p.211）ことを指摘している。

14）「筑波研究学園都市建設法」第二条3（1970年5月19日公布）。

15）市は，2019年5月31日に「人口増加地域の児童生徒数の推計値について」を公表した。それによると，2023年度に義務教育学校1校を新設するほか，2022年度までに1小学校2中学校で校舎を増築，義務教育学校を含む4校で61教室をプレハブで仮設するとしている。例えば，2018年4月に開校したみどりの学園義務教育学校では，最大の推計値で2030年に4580人（9学年）に達すると想定されている。

（https://www.city.tsukuba.lg.jp/_res/projects/default_project/_page_/001/007/573/Suikeichi.pdf，最終閲覧5月31日）

16）ただし，地域交流センターの所管は現在も市民部（文化芸術課）であり，職員は市民部の配属である。なお所長の多くは再任用職員であるが，専任の場合は課長補佐級である。

17）会計記録が掲載されている並木の第1回～第5回（1984～1988年）の『記録』には，

市から講師謝金などの報償費，消耗品，印刷など毎年92,000円が補助されていることから，教育委員会から予算措置がされたことにより竹園での開級につながったと思われる。

18) 2019年5月16日に実施した参与観察による。

19) 共生教育学（教育社会学）研究室（代表・飯田浩之）『大学の協力による，つくば市における子育て支援ネットワークの構築』（平成16,17年度筑波大学社会貢献プロジェクト報告，2006年3月，「まえがき」）。

20) 同上，pp.57-58。

21) 2019年5月号には，「乳児・幼児家庭教育学級生募集」の案内も掲載されている。

22) 前掲『大学の協力による，つくば市における子育て支援ネットワークの構築』p.58。

第Ⅳ部　社会教育の新たな価値と可能性

暮らしの思想の生成論理

―地域社会教育の学習論―

宮﨑 隆志

はじめに

　最初に地域概念について暫定的に定義しておきたい。地域は，暮らしとしての日常生活が展開し構成する場である。日々の暮らしは地域に対し，自然・文化に関わる固有性を与え，歴史性を刻み込む[1]。このようにみれば，近代社会において地域が意識されるのは，暮らしに関する課題意識の集団的な生成，すなわち日常生活に対する何等かの疑問や不安によって，日常生活に改めて向き合う必要が生じている場合であろう。換言すれば，政治・経済・文化の諸側面を含む共通の社会的課題の主体的・集団的解決が試みられる場合と言える[2]。生活の個別化が徹底した現代社会においてもこの点は変わらない。社会教育の文脈で地域を問うのは，このような経験が有する学習論的意味に着目するからに他ならない。しかし，そこで直ちに問われるのは，この経験の意味を明らかにし得る学習論であり，そのような学習論に立脚する社会教育（学）の概念である。

　この点をいち早く指摘したのは藤岡貞彦であった。藤岡は，民衆思想史の成果を踏まえて，日々の生活現実への個別的即自的反応により形成される民衆思想は，そのままではトータルな歴史的認識や世界観をもつことはなく，日常性の延長を基調とする社会教育もまた世界観形成という課題には応えられないという。「生活と学習の裂け目」が教育的価値や教育実践の反省の契

機と見る藤岡は，開発政策による生活現実の破壊に抗する集団的な生活再建運動としての住民運動に「生活の次元から抽象された新しい原理」（色川大吉）と結びついた民衆思想の質的発展と，それを支える社会教育実践の可能性を見出した[3]。

　この提起を踏まえれば，地域づくりと社会教育の関連を問うには以下の諸点の解明が必要である。①日常性の再生産と学習との関連，②日常生活の再構成の実践としての地域づくりを支える学習の特質，③そのような学習実践を組織する実践としての社会教育実践における教育的価値。小論では，地域社会教育学の学習論を素描することにより，この課題に応答したい。

1．地域社会教育学の分析単位

　日常性の再生産や再構成と関連づけて学習を考えることは，社会教育においては，前提に属する事柄である。デューイやリンデマン以後の成人教育は，生活経験を意味づける行為として学習を捉え，その学習を組織する技法としての成人教育論を彫琢してきた。学習者の経験が学習の資源であることは，成人教育論の強調するところである[4]。しかし，W.D. ダウリングによれば，1970年代に至るまでは，地域づくりは成人教育の中では優先順位が高い主題ではなかった[5]。それは成人教育論が個人としての成人の成長に関心を寄せることに起因している。1970年代以後でも，ユネスコの生涯教育論やOECD のリカレント教育が念頭に置いていたのは，個人としての学習者である。個人と社会が分離し，個人の社会参加が偶然的になる近代社会においては，人々に主体としての自由を保障し，民主主義を機能させるために，個人の学習に焦点を当てることは必要なことであり，自明の理であった。個人の意識変化や力量形成に焦点を合わせるという接近方法には，分析対象の明晰さや分析方法の精緻化の可能性があり，実際に成人学習論・教育論は生涯学習を支える理論として発展してきた。

　しかし，個人と社会を二元的に分離したまま個人の学習に焦点を当てると，学習の成果の帰属先である個人が，その成果を社会にどのように還元するべきか，あるいは生涯学習と社会変革との関連をどのように捉えればよい

のか，という近代に内在する宿命的課題が次々に浮上することになる。それ
は，個人に焦点を当てた能力論・評価論を基底に据える学校教育の場合と同
様である。例えノンフォーマル性に着目し，生活と学習の連続性を強調した
としても，個人の力量形成のために有効な学習方法として提起されるなら，
それに変わりはない[6]。

　他方で，日本で社会教育と総称されるカテゴリーの中には，文化やスポー
ツなどの地域活動を通して地域社会関係を組み替える実践，あるいは沖縄の
字誌づくりや地元学のように[7]，地域の物語を構成する実践などが含まれて
いる。これらの実践は，成人教育学の枠組みで分析することも可能である
が，学習実践の主体は仲間集団を基盤にした学習集団であり，その学習過程
は，例えば「住民のエンパワメント」のように集団的な主体の形成過程とし
て把握される場合が多い。子どもを含めて個人の変化の詳細な分析を試みて
いる教育学からすれば，このような社会教育の対象領域の設定の仕方は大雑
把で，場合によってはプリミティブなものにさえ見えるかもしれない。

　しかし，宮原誠一の教育本質論[8]に立脚すれば，それらは形成作用を目的
意識的に統御する活動として，紛れもなく教育活動である。ここでの要点
は，社会的な形成作用のリアリティを暮らしの場としての地域に即して見る
ことにある。公民館などの施設はアソシエーションとしての仲間を組織する
拠点であるが，その仲間集団は地域活動を通して地域を編集する機能を担い
得る。これは地域への働きかけであり，形成の統御過程と言ってよい。

　このような実践を地域社会教育（Community based social education，あ
るいは Community education）と呼ぶならば，地域はその概念を構成する
上での本質的契機である。逆に言えば，地域を不可欠の構成要素として成立
する教育（学）が地域社会教育（学）であって，そこでは地域は，個人の学
習の資源，あるいは個人の学習の成果を還元すべき対象という位置づけでは
ない。形成としての学習とそれを統御する教育を分析的かつ総合的に把握す
るための理論を構築する上で必要不可欠なカテゴリーが地域である。

　とはいえ，一方でグローバリゼーションが，他方で新自由主義の下でのア
トム化が進展している現代社会において，地域はもはや形成作用の序列にお
いて番外に押しやられたという見方もありえるであろう。ここでは人間存在

暮らしの思想の生成論理 197

論に立ち戻って考えてみたい。

　自己が他者を前提としつつ，それからの区別として成立することは今日ではほぼ共通した理解になっている。自己は他者への信頼あるいはケアなしには成立しない。そして信頼・ケアが基盤になることによって，自己内他者を構成要素とする個人が成立する。つまり，私の中には他者が存在し，その他者との自己内対話が成り立つことによって，個人は個体でありながらも同時に私たちとしての声を語り得る普遍的な存在，あるいは私たちの視点から自らの在り方をデザインできる自由な存在[9]である。

　しかし，他者との関係は任意にあるいは主観的に設定できるものではない。それは，自然との関係をも含めて種々の必要を満たす暮らしの活動によって生成し，具体的なあり方が規定される。社会的形成作用を産み出すのは私たちの活動である。言い換えれば，個人はその存在や自己形成の基盤を他者との関係という社会的な次元にもつが，その社会は，たとえそれが如何なる形態をとろうとも，諸個人の協働によって産出されている。すなわち，私たちは自己の存在・形成の基盤を協働で構築するという存在様式[10]を備えており，それを端的に，生活を創る生活と呼んでよい。

　この自己媒介的で再帰的な存在様式は，多様な現象形態をとるものの，現代社会においても見出せる。但し，近代以後は自己形成の基盤としての社会は，人間が生み出した仮象的な主体である資本によって構築され，実証主義的な科学に支えられたテクノロジーによって合理的に設計できるものとして現象しているために，諸個人の主体性は後景に退き，自己形成の基盤を協働的に再生産しているという論理は不透明化している。

　ここで求められているのは，自己形成の基盤を協働で構築するにもかかわらず，自己形成の基盤を喪失するリスクを背負い込む近代の矛盾を対象化するという関心に立脚した教育学理論であり，実践的には自己―他者間のマイクロなレベルで追求される精神的・身体的解放（＝発達）と，社会システムというマクロなレベルで追求される発展の両者を統一的に把握するモデルである。

　地域社会教育は，このモデルを構成し得る。地域社会教育は，生活を創る生活のリアリティを，諸個人の協働によってコミュニティ・地域を創ること

に見出し，そこに内在する矛盾を解決することによって，人間形成作用を統御する実践と言える。このアプローチは，人間の本質的な存在構造に立脚するが故に，現代社会においても，都市・農村を問わず，多様な形態をとりながら生成し得るし，展開可能である。この実践によって経験されたアクチュアリティは，現代社会に内在する矛盾を把握するための批判的・本質的省察の視座を提供し，責任ある創造主体にとっての実践モデルを生み出す基盤となるであろう。すなわち，地域社会教育は，より複雑になった個人と社会の関係の総体を把握する可能性を切り開き，民衆が形成作用を統御するためのモデル（新たな世界観）を形成する[11]。この学習経験を対象化することによって，現代社会の人間形成力を人々が統御することを見通した社会教育の理論が生成するように思われる。

　このような地域社会教育の学習過程を一貫した論理で把握するための出発点，すなわち最小分析単位[12]は，〈諸個人の協働によって構成されるコミュニティ〉[13]という循環性を含んだ過程である。この単位は，地域社会教育の要素形態であり，その生成・発展過程として，多様な現象形態をとる地域社会教育の展開論理を説明することができるであろう。

２．日常的実践と地域

　次に，この分析単位を展開するための方法的な留意点を検討する。地域社会教育における諸個人は，理論的には日常生活者を意味する民衆として把握すべきであろう。日常の意味から確認しておこう。生活における出来事は自然・人間・社会の相互関連によって不断に変動し，また様々なリスクも伴う。それにも関わらず，出来事の意味をある範囲に収束させ恒常性が維持される（日々常なる状況）のは，出来事の変動に対処しその意味付けを行う省察的学習の故である。つまり，日常は能動的に構成されている。ここでの要点は，第一に，たとえそれが，全体としての社会システムの一つのモメントとして現象したとしても，日常は全体としての社会システムに一方的に規定されているのではなく，綱渡りでバランスをとるかのごとき技芸（アート）が発揮されることにより，連続性のある物語として維持されている点であ

る[14]。ここでいう省察的学習には，道具を使いこなすための操作レベルの技術学習や，毎日なさねばならない所与の課題を遂行するための行為において，より合理的な方法を工夫するような探求的学習が含まれる[15]。日々の暮らしが日常として再生産されることによって，暮らしに埋め込まれた自然は有機的自然として自己の連続線上に位置づけられ，文化的景観を含めた場（土地）に対する愛着も生ずる[16]。あるいは，例えば家族のように暮らしを共に構成する他者は，自己を構成する要素（自己内他者）になっていく。

　第二は，このような自己形成のための意味空間は，協働によって生み出され，維持されている点である。暮らしの恒常性を維持するためには，変動する出来事をリスクに転化させないための予防や，発生した危機の管理とそれからの回復のための何らかの形の相互扶助・協力が必要になる。自己の基盤が自分だけでは統制できない社会にある以上，原理的には個人的なリスク管理は不可能である。リスク認識を共有し，危機状況を共有する他者との協働によって生成するコミュニティが機能することによって，日常の再生産が初めて可能になる。地域福祉実践や過疎地域での集落経営を想起してよい。

　この協働の過程においては，日常を構成する再生産的な省察的学習[17]も何らかの形で集団化され，そこで生成した知は共同化（共有）される。この知が日常を再生産する過程で定着すれば，それは当該コミュニティの協働によって日々検証される常識になると言ってよいであろう。さらに日常を構成する知は，諸行為の妥当性を判断する際の規範，さらには主体の側に求められる道徳性をも含み，協働の経験の繰り返しによって，それは当該コミュニティにおける人間らしさを意味する文化を構成するまでに至る。この文化（地域文化）が諸個人に対する形成作用をももつことは言うまでもない。

3．日常意識の構造

　以上のように，地域は協働と省察により主体的に構成される場（自治的空間）であるが，他面では，全体社会としての外部社会を前提としており，現代ではグローバル化した競争的社会システムの中に埋め込まれ規定されている。それ故に，日常を維持するための能動性は常に限界に直面することにな

る。そこで，民衆による地域内外の関連付けの論理を見ておこう。

　日常生活者としての民衆に現象するアクチュアルな生活世界は空間的には遊ぶ・学ぶ・働くという暮らしの活動が展開する範囲に，時間的には人格的接点を持つことができる3世代程度が過ごした期間に限定される[18]。しかし同時に，民衆は生活の中の出来事が，自分たちの日常圏域を超えた力によって生じていること，すなわち自分たちの能動性が及ばない世界が存在し，なおかつそれが自分たちの生活圏域を不断に規定していることも多くの場合は理解している。したがって，日常生活圏域の外部世界に対しては，不安がつきまとうが，それは外部世界に作用する力や主体に対する信頼によって解消される。日常性の外部にある主体を信頼する論理は，「世界を維持するための概念装置」[19]と呼ばれるものと重なる。その概念装置が機能する限りで外部世界は所与として日常生活の前提に措くことができる。そうなると，今度は，日常が再生産される限り，システム総体の規定性は民衆の視野には入らなくなる。逆に，日常の再生産が困難になり，「世界を維持するための概念装置」の妥当性が疑われるようになると，外部の主体への信頼を支えていた民衆の世界観が揺らぎ，場合によっては転換するであろう。

　それでは「世界を維持するための概念装置」の構造はどのようなものか？ここではその一般的な構成要素を確認するに留めざるを得ないが，安丸によって提起された民衆の通俗道徳論を参考にすれば，以下の価値的諸契機が基本になるように思われる。

　第一は，自由である。予期せぬ出来事に左右されるリスクを回避するという必要は，生活を創造する生活の自由に価値を置くが故に生じてくる。成り行き任せの生活ではなく，生活を創る生活の主体として生きることに価値が置かれるなら，そこに内在する自己決定性は，日常生活の時間と空間を共有する諸主体の間での自治への要求として現象する。

　第二は，平等である。日常生活におけるリスク回避のための相互扶助機能はコミュニティの構成員に差異があれば機能しない。差異を保留し，否定する論理が平等である。日常生活の基底は生命の再生産にあるが，その可能性があまねく保障されることが根源的な平等要求となる。

　第三は，能率である。コミュニティ内の有限な資源を何らかの平等性に基

づき分配しようとすれば，種々の知恵や工夫や，技の創造[20]による生産や消費の能率の向上は分配方法の自由度を増すという価値をもつ。また，外部コミュニティとの交通が恒常化すれば，外部の資源を獲得するための能率も重大関心事になる。

以上のように日常に埋め込まれた価値を区分すると，それらを実現するための規範，或いは地域における日常生活の収束基準は，この三つの価値を同時に実現するものでなければならない。何故なら，日常生活の種々の出来事は，生活を創る生活の主体としての自由を実現し侵害しないように修正され意味付けられ，また何らかの意味での平等性を推進し否定しないものとしてコントロールされるからであり，同時に，動員できる資源の有限性も視野に入れながら能率を向上させることも要請されるからである[21]。コミュニティの再生産＝持続可能性も，この点に関わってくる。

自由かつ平等かつ能率的であるような基準線が収束先として存在するときに，日常が安定する。逆に，これら三つの価値は，規範を導き，制度を構成していく原理となる。制度化まで進展した場合には，今度は制度が日常性の収束基準として機能するようになるが，制度の正当性はこの基準，あるいはそれが埋め込まれた暮らしの思想に照らし合わせて日々確認されている。

４．日常意識の再構成

以上のように構成される日常の再生産が困難になるのは，例えば震災や想定外の事故・事件に巻き込まれる場合のように，抗しがたい外的な力・作用を受ける場合である。予期せぬ突然の作用による日常の喪失が個人を不安に陥れ，場合によっては世界観が転換することは数多くある。

しかし，日常の行き詰まりは内的な要因によっても生じる。そして多くの場合，この過程は徐々に進展するため，世界観の変容も漸進的である[22]。内的要因は価値と使用価値の対立に代表させて理解できる。コミュニティはグローバル市場に代表される外部世界との交通の中にあるために，この三つの価値のそれぞれが，内部に対立を含まざるを得ない。生活を創る生活の自由は，コミュニティの自然や文化を基盤とした自己決定性としても展開できれ

ば，営利追求の自由としても展開できる。平等については，一方では存在原理の平等性として展開されるが[23]，他方では，リスクの普遍性に対応して，リスク回避という私的な利害関心を共有する者の間での私益追求の平等性でもあり得る[24]。能率も，存在原理の平等性を承認しつつ，自然と人間とコミュニティの持続的な再生産を実現するための合理性として理解される場合もあれば，外部との交通が優位に立つ場合には，営利（交換価値）を動機として価値を最大化するための合理性として追求されることになる。

　以上のように，日常の価値の各々に使用価値的側面と交換価値的側面が刻印されており，グローバルな連関をもつ政治・経済システムの下では，両側面の対立はこれまでになく深刻化している[25]。その結果，自由・平等・能率の三つの価値の同時実現が困難になり，鼎立するようになると，ある立場から選択される危機対応策（例えば地域開発政策）が，他の立場からはリスク増大策になり，地域の中で加害と被害が循環するという混沌とした状態が出現する可能性がある。日本の経験に即すると，その典型は水俣に見出せる。有機水銀の不法投棄によって水俣病を引き起こしたチッソは，水俣の人々に働く場を提供する企業でもあった。

　つまり，リスク回避行為が逆にリスクを増大させ，平等原理に基づくはずの協働が排除性を帯びるというパラドクスが生じる。このような状態に陥れば，日常性の収束基準はもはや見いだせない。それは同時に，それまでの前提であった「世界を維持するための概念装置」も機能停止状態に陥ることを意味する。一方では周辺部での過疎化が進み，他方では都市で孤立が集積する下で，このような状態は少なくとも日本では，全国各地で生じている。

　こうして自己形成の基盤が不安定化するに至ると，再生産的実践によって構成していた日常・地域・知のありかたの総体が再省察の対象にならざるを得ない。地域は諸個人をめぐる関係に焦点化するマイクロレベルと社会システムの規定性を問うマクロレベルを媒介する次元（ミドル・レベル[26]，中間地帯[27]）にあるが故に，このような矛盾が凝集する場である。存在の基盤たる〈諸個人の協働により構成されるコミュニティ〉が，存在の不安定性をもたらすという矛盾が顕在化したときに，前提となっていた日常性とそれを構成していた学習と実践が，集団的省察の対象となる。そして，このような現

暮らしの思想の生成論理　203

象があらゆる地域で同時多発的に発生するのが現代であり，各地の個別経験
が有する普遍性を読み取る可能性も高まっていると言ってよい。かつての農
民大学のような学習経験を普遍化し理論化する場は，現代では国際的な広が
りをもって構築可能である。その経験を通して新たな思想・世界観が，暮ら
しの思想に根差した民衆の知として創造されるであろう。

5．地域社会教育における教育的価値—まとめにかえて

　最後に地域社会教育において求められる教育的価値について言及し，まと
めに代えたい。以上では〈諸個人の協働により構成されるコミュニティ〉と
いう地域社会教育学の最小分析単位を措定することにより，日常性を維持す
る民衆の能動性によって地域社会の人間形成機能が集団的に統御される論理
が明らかになることを述べた。この枠組みに基づけば，人間（自己）形成機
能の統御過程は，協働的・自治的に構成される意味空間のパターンの変化
（質的変化）として記述可能である。そのパターン変化の方向性に形成機能
の統御過程としての教育において実現すべき価値が示されている。
　その方向性を，日常生活から生成される世界観を構成する三つの価値と無
関係に措定することは不可能である。したがって相互に矛盾する自由・平
等・能率の同時実現の可能性を拡張するか否かが方向性評価の基準となる。
端的には，生活を創る生活の自由度を高めることが教育的価値である[28]。
　この自由度は，操作的学習や探求的学習という技術的合理性に関する個人
的学習によっても高まり，そこに個人の発達を見出すこともできるが，日常
生活を構成する価値の各々が相互に対立し矛盾する状況においては，そのよ
うな発達はもはや見通せない。仮に，日常生活の技術的合理性の向上による
自由度の向上やそこでの個人的発達に教育的価値が限定されるならば，それ
はこの局面では欺瞞的であり，旧来の世界観を維持するための操作的なイデ
オロギーというべきであろう。
　現代の地域社会教育に求められているのは，日常生活を集団的に再構成
し，外部世界を維持する概念装置としての世界観を創造するような創造的学
習である。それは日常生活を再生産するための省察的学習と協働の高度化を

前提にしつつも，そのような実践がもたらす矛盾を意識化することによって，学習と実践の前提を再構成し，日常生活を収束させる基準を集団的に創造していく学習であり実践である。とりわけ焦点になるのは，世界を維持する概念装置を再創造することによる自由度の向上である。そのためには，生活創造が愉しみになるような内面の自由（精神的自由）も前提になる[29]。地域社会教育において実現すべき価値は，日常生活の桎梏となっていた従来の世界観からの解放としての自由を含めて，自己形成の基盤を協働的に創造する自由度を高めることにある。

【註】
1）宮﨑隆志「地域教育運動における地域学習論の構築——北方性教育運動の展開に即して」佐藤一子編著『地域学習の創造—地域再生への学びを拓く』東京大学出版会，2015年。
2）上原専祿の課題化的認識論に基づく農民大学運動にその典型を見出してもよい。
3）藤岡貞彦『社会教育実践と民衆意識』草土文化社，1977年。
4）エデュアード・リンデマン（堀薫夫訳）『成人教育の意味』，学文社，1996年。なお，デューイやリンデマンの構想は，実質的にはコミュニティ教育として地域社会教育に連続し得るものであった。
5）W.D.ダウリング「刊行に寄せて」E.ハミルトン（田中雅文・笹井宏益・廣瀬隆人訳）『成人教育は社会を変える』玉川大学出版部，2003年。
6）例えば，E.ハミルトンは，同上書で地域課題に対応した成人教育の課題と方法をノンフォーマル教育の視点から検討しているが，基本的な関心は地域社会に参加し，発展させる担い手としての個人に置かれている。なお，Tom Lovett が自由主義・改良主義的モデルと区別して提起した革新的モデルは，この二元論の克服を意図したものであるが，それはもはやコミュニティ教育と呼ぶべきものである。但し，学習形態の区分（モデル化）よりも，前二者が二元論的接近に留まらざるを得ない学習論の理論構造の限界を明確にすることのほうが重要である。Tom Lovett (1988), Community Education and Community Action, "*Radical Approaches to Adult Education: A Reader*", Routledge, および鈴木敏正『平和への地域づくり教育』筑波書房，1995年。
7）末本誠『沖縄のシマ社会への社会教育的アプローチ』福村出版，2013年，結城登美雄『地元学からの出発』農文協，2009年，吉本哲郎『地元学を始めよう』岩波書店，2008

年。

8）宮原誠一「教育の本質」1949年（『宮原誠一教育論集』国土社，第一巻，1976年）

9）マルクスは，個別的かつ普遍的な存在を類的存在と表現した。K. マルクス（城塚登・田中吉六訳）『経済学・哲学草稿』岩波文庫。

10）同上。自由な意識的活動によって生活を創造するという生活様式を指す。

11）その例証として，注１を参照されたい。

12）L.S. ヴィゴツキー（柴田義松訳）『思考と言語』新読書社，2001年。

13）宮﨑隆志「コミュニティ・エンパワメントしての生活困窮者支援」『貧困研究』Vol.13，2014年，「地域学習論の展開のために─『地域学習の創造』を手掛かりに─」『社会教育研究』No34，2016年。

14）M. ド・セルトー（山田登世子訳）『日常的実践のポイエティーク』国文社，1987年。P. ブルデューの議論をここに接続し，階級視点を包含することができる。

15）このような把握は，自己修復するシステムに埋め込まれた機能（フィードバックによる調整機能）として学習を理解することにつながっている。

16）Lynne C. Manzo & Patrick Devine-Wright *Place Attachment: Advances in Theory, Methods and Applications*", Routledge, 2013.

17）Y. エンゲストロームは，再生産的な省察的学習は個人を単位に析出できると指摘している。エンゲストローム（山住勝広他訳）『拡張による学習』新曜社，1999年。

18）安丸良夫は徳川期の民衆に即して日常の構成範囲を論じているが，グローバリゼーションが進展し，インターネットが空間的制約を超えたと言っても，民衆の日常生活の範囲の構成論理は今日でもおそらく同様であろう。例えば中東の政治情勢によってガソリン価格が変動したとしても，日々の出来事として意識されるのは価格そのものであり，民衆の能動性は生活コストの上昇を吸収するための工夫として発揮されるにさしあたりは留まる。

19）P.L. バーガー＝ T. ルックマン（山口節郎訳）『日常世界の構成』新曜社，1977年。

20）真壁仁は東北農村の厳しい営農条件が，逆に農民の技術創造を促したと指摘している。真壁仁『野の教育論』民衆社，1976年，上巻，pp.140-141，下巻，p.235。

21）例えば，担い手が限られた NPO 経営における工夫や農村や漁村における共同利用や相互扶助における能率向上のための工夫など。

22）このような学習過程の把握については，エンゲストロームの拡張による学習論を参考にしている。

23）例えば近世末期に成立した報徳思想のように，生命やそれを包摂する自然という次元

に人間存在における平等性の根拠を見出すこともあり得る。テツオ・ナジタ（五十嵐暁郎監訳）『相互扶助の経済』みすず書房，2015年。生命は階級や富に関係なく賦与されるため，この存在原理の現象形態としての個体の間の差異は否定される。このような理解は，宗教的形態をとる場合もあれば，エコロジー運動やコミューン運動を支える思想として展開する場合もある。

24）何らかのリスク回避が共通課題として意識されれば，共通のリスクに対峙する者としての平等性が生じる。一般にアソシエーションとしての協同が成立するのは，このような場合である。

　　但し，地域の再構成の局面では，連帯としての平等が重要である。存在原理あるいは自然存在としての平等性を認めても，外部世界との交渉が不可避であるコミュニティの再生産過程では，その平等性はそのまま実現することはない。外部世界との交通は，交換可能性を基準にした評価を自立させ，命の平等を認め合う主体の間に，交換価値の大小による差異が生じることになる。日常生活としての実践の中で生じるこのような矛盾に向き合い続ける主体は，浦河べてるの家の向谷地が言う所の「弱さの力」を有する主体といってよい。このような意味での「弱さ」という能動性を承認する地平に，連帯としての平等が成立する。これは協働（cooperation）の経験を通して生成する価値と言ってもよい。新たな地域を創造する学習の道具（エンゲストローム）は，協働に内在する矛盾から生成するこの平等論であろう。宮﨑隆志「協働の経験が産み出す思想」日本協同組合連携機構『にじ』2019年夏号を参照されたい。

25）例えば，少子化や財政逼迫による自治体合併や学校統廃合，あるいは高齢者のケアシステムの崩壊への対処などの課題。

26）キャロル・グラック，安丸良夫「対談　戦後50年記憶の地平」『世界』1995年11月号，

27）宮﨑隆志「中間地帯の再建による社会空間の変容」『希望への社会教育』東洋館出版社，2013年。中間地帯が縮減する現代社会においても地域はその典型形態である。

28）この限りでは，A.センのいうケイパビリティ概念とも重なるが，以下に述べるような解放としての自由の契機は，センには含まれていない。ここでいう自由度の向上は，むしろフレイレのいう人間化の過程に重ね合わせて理解可能である。

29）この文脈でアニマシオンを教育的価値として位置付けることも可能であろう。宮﨑隆志「暮らしづくりにおける価値とその意義」松田武雄編著『社会教育と福祉と地域づくり』大学教育出版，2019年。

ABSTRACT

Creating the Value
of Social Education for Community Development

Studies in Adult and Community Education
No. 63 (2019)
Edited by
The Japan Society for the Study of Adult and Community Education

---

State, Community Development and Social Education

TAKAHASHI, Mitsuru
(Tohoku University)

A long time has passed since discussions about post-modernism or post-capitalism began. However, it has not proven possible to clarify the image of the new society. There have been some theories about the Welfare Society and Green Welfare Society as follower capitalism, but the debate remains chaotic.

In the first place, how we can make the concept of a new society? When we make the concept of a new society, we should consider how we live anew, the so-called new production, method of consumption and changing life values rather than drawing a big picture. We would then focus on how to live in a community at that time. However, community and family are the roots of the ruling power of the state.

Social education was developed with social rights aligned with civic and political rights. Miyahara Seiichi wrote, "The driving powers developing Social Education are Democracy and Technology." In regard to democracy, social education has supported Labor, Peasant and Residents Movements, but at the same time, it has the function of ruling over them. This dynamic of ruling power and changes appears in communities.

In this chapter, the kinds of roles social education has performed, and should perform, are called into question. We asked what kinds of future images of

ABSTRACT | 209

society, and what kind of community should we envisage? Does Social Education have the potential to carry through this reform?

The result of this study explored following points: 1) We should not take part in Community Development Policy without awareness of the political context, 2) we should specify particular units of analysis of social education, 3) we need to specify the social value of educational practice, 4) we should be aware of the uniqueness of the focus of evaluation in social education.

The Limits and Contradictions of Chihō Sōsei

OKADA, Tomohiro
(Kyoto Tachibana University)

The theme of the paper is to present a vision of what local creation and revitalization ought to be from the viewpoint of regional economic studies after clarifying the targets, and the limits and contradictions of chihō sōsei now being pursued by the Second Abe Cabinet.

In the paper, the author first clarifies the political and economic background of chihō sōsei under the Second Abe Cabinet. The author points out that the chihō sōsei policy emerged from the policy demands of large enterprise groups beginning with the Keidanren, and that the policy was strongly linked with the growth policy driven by deregulation, the reform of the local administration system towards dōshūsei, or prefectural integration, and the national land policy.

Secondly, the author examines the set of policies and the processes of implementation of chihō sōsei. Here, it becomes clear that 1) the central government is demanding that local government bodies formulate a comprehensive chihō sōsei strategy and establish related key performance indicators (KPIs), 2) a mechanism to achieve key targets has been created from inducements using public finance, and 3) as the central government aims to consolidate city functions and village functions, it advances the integration and reorganization of public services and facilities.

Thirdly, far from aiming at local revitalization, the chihō sōsei policy as mentioned above has instead become an instrument to dismantle the foundations of local industries and residents' lives, and has been shown to carry contradictions. Those that benefit from chihō sōsei are large enterprises whose participation in local markets has been guaranteed through market deregulation. As large enterprises are headquartered in Tokyo, the wealth derived from this local market participation is transferred to Tokyo. This leads to a decline in local industries and to the acceleration of population decline, especially in the peripheries, and to an increase in the risks associated with calamities. Furthermore, the top-down policy instruments lead to the breakdown of local self-government.

Lastly, the author shows the expansion of new possibilities and prospects within the deepening conflict between local areas as territories for human living and local areas as territories for the economic activities of capital in this era of catastrophes and globalization.

Relationship between Community Policy and Social Education

TANAKA, Masafumi
(Japan Women's University)

The purpose of this paper is to analyze the relationship between community policy and social education, especially adult education, in Musashino City.

The community policy started in the 1970s in Musashino City, at a time when social education was not regarded as important and citizen's public halls were not established. However, social education staff took great pains to support adult learners. The result was that a large number of community activities and social movements were born. In other words, ironically, social education oppressed by community policy contributed to community policy.

The outcome has affected community policy today. The adult learners in the 1970s and their successors are promoting various learning activities and the activities are enhancing community activities. Additionally, the claim by the adult learners in the 1970s that learning is important to promote citizens' activities, contributed to having the plan promoting citizens' activities include "learning." However, such learning is not guaranteed by any institution of social education. Therefore, the continuation of a desirable relation between learning activities and community activities will be doubtful.

As above, we can provide two conclusions. Firstly, social education could enhance community activities. Secondly, we should establish the institution of social education and maintain a desirable relation between learning activities and community activities.

ABSTRACT | 211

A Study on the Relationship between "Community Development Centered around Schools" and Adult and Community Education

SHIBATA, Sachiko
(Tokyo Gakugei University)

This study is aimed at examining the relationship between "community development centered around schools" and adult and community education.

The study primarily examines the tendencies in three municipalities in Tokyo's Tama districts. The first community is an emerging residential area in the city of Hachioji. This area has no community center, making it difficult for new residents to form a sense of unity. However, it was possible to see that varied types of residents become members of the school management councils for "community schools." Residents also develop a sense of unity through the process of collaborative activities in the community schools with the primary purpose of supporting children and the school, and this sense of unity encourages such community events as local festivals—namely, community development centered around schools. The second area is the city of Kokubunji, where its Kominkan (community center) helps support adult and community education. In Kokubunji, the Kominkan is a bridge between the community, including varied groups and residents, and schools, playing a significant role in building the mutual support system between them. The third is the city of Koganei. Currently in Koganei, residents involved in adult and community education are keen on community development centered on schools. For instance, the members of the adult and community education committee there have submitted proposals to realize "community development centered around schools" to the city's board of education. Kominkan-based civic activity groups are also studying how the community's children and schools relate to adult and community education.

This study has placed a special focus on the case of Koganei, attempting to discover how significant it is for the residents involved in the adult and community education mentioned above to provide assistance for children and schools from the point of their community development. It has also examined what goals they have in mind. This study has also analyzed how the residents are trying to put their support activities into practice in the community.

"Community Development" and Lifelong Learning at Universities
—Critical Consideration of the Policy of the
"Cooperation between University and Community"—

MURATA, Kazuko
(Wakayama University)

In critical consideration of the present higher education policy, the policy and legislative system related to university and community are clarified first in this text. Secondly, the partnership program between the "lifelong learning center," which has been established as a specialized facility for lifelong learning, and the community and local government is classified. In addition to clarifying facts, community development and the university are taken into consideration based on the "40th Anniversary History of the Council," published by the National University Lifelong Learning System Center Research Council in Japan.

The characteristics are the development and implementation of a program that contributes to the empowerment of the community and local government. One issue is whether or not the university can utilize past know-how from lifelong learning in order for the university itself to become a lifelong learning center, properly demonstrating a "third function" in the future.

Prospects for Community Education in Kochi Prefecture:
Opportunities for Learning in "Village Activity Center" Settings

UCHIDA, Junichi
(Kochi University)

This article focuses on the establishment of a "village activity center," launched as part of the regional revitalization policy in Kochi Prefecture, where social education conditions in the region are becoming increasingly vulnerable. Whether or not this center is a possible reproduction of a local learning base will be examined. The prospects for future community education in Kochi Prefecture will also be considered through the examination of the viewpoint and its method.

Firstly, changes in the conditions for social education in local governments in Kochi Prefecture from 1989 to 2018 will be considered. Here, we will confirm not only quantitative recession but also the perspective of the reconstruction of community education from the change in the role of social education.

Secondly, it is confirmed that the activities of the village activity center have many learning elements for the residents. Furthermore, opportunities for

ABSTRACT | 213

learning at the center in the contradictions and conflicts that occur as a result of being positioned as a regional center of the "industrial development plan" promoted by Kochi Prefecture will be discovered.

Finally, through concrete examples, we present the value and direction of community education as an effort to organize learning.

Ten years have passed since the Heisei merger of local governments.

The issue of the research project "Local Government Reform and Social Education Reorganization" at the Japan Society for the Study of Adult and Community Education in 2009 is becoming more important today. However, the local economy and local society have been particularly devastated, especially in the rural areas. In that sense, it is necessary to consider not only how to reorganize the social education administration and public hall activities, but also how to restructure community social education. This approach will make the meaning and direction of the research project more concrete.

Community Development Triggered by School Consolidation:
Community Learning Center-based Rebuilding of Local Education Systems

TAMMA, Yasuhito
(Teikyo University)

Given Japan's declining birthrate and ageing population, many schools are being consolidated all over the country. When this happens, however, issues emerge; not only with how to rebuild the local education system but also how to maintain the community itself. In this paper, we clarify the tendencies in community events and activities before and after school consolidation while also focusing on the role of district community learning centers.

For this research project, we carried out a mail survey and an on-the-ground survey of community learning centers in Shimane Prefecture, where population decline and ageing is progressing. Our mail survey found that when school consolidation is carried out, there was more of an influence on local activities and community learning centers in districts with closed schools than districts that absorbed a school. Based on the results of our mail survey, we chose two communities for on-the-ground surveys and examined the changes in community activities and community learning center projects before and after school consolidation.

In this paper, we draw three main conclusions. Firstly, in community development, a perspective that does not view a school as the only core of the community is important. Secondly, it is important that community development subsequent to school consolidation is engaged in while grasping in a multi-layered fashion and putting to use the characteristics of both the new post-consolidation larger district and the smaller district that existed previously. Thirdly, community learning centers in areas with closed schools need to become drivers that strengthen social education functions and push forward with post-school closing community development activities.

Issues for Adult and Community Education under the Structural Change in Coal Mines
—The Case of the Chikuhou Region during the Period of High Economic Growth—

NOUNAKA, Itaru
(Kagoshima University)

This paper analyzes the history of adult and community education in an old coal mining area in Fukuoka Prefecture. This area, called the Chikuhou region, and the adjacent Kitakyushu industrial zone is in the north of Kyushu Island. In this whole area, many industries related to coal mining influenced adult and community education, as well as community development. We point out that the most striking feature of this area is the service and benefit program by the coal mining company, which was connected with the adult and community education. There was a close relation between company benefits and the community educational environment.

After the energy revolution in the 1960s, this nested structure broke down. Almost all the coal mines closed down, and a large number of coal miners was fired. About the same time, not only unemployed people but also the number of public assistance recipients rapidly increased.

In this situation, literacy circles were organized in the town of Kawasaki, giving many women opportunities to learn about problems of daily life. These learning movements were connected to community development. Today, we must discuss the possibilities resulting from the difficult situation in the post-war period to promote community development studies.

Inheritance of Memories on Environmental Pollution and
Adult and Community Education:
A Case Study of the 'Chernobyl Catastrophe' Exhibition Room at the Khoiniki
Local Museum in the Republic of Belarus

ANDO, Toshihiko
(Saitama University)

It is an urgent task for the global community to inherit 'negative memories' relating to such issues as environmental pollution, war and various human rights abuses. Conserving 'Sites of Memory' (places themselves related to those issues, monuments, memorial museums and archives, etc.) and practicing memory inheritance by utilizing these sites are the core part of this project. This paper intends to offer a framework for the study of pollution memorial museums which are established to inherit memories on environmental pollution. The first half of this paper discusses the general view of pollution memorial museums in Japan and their significance as 'Sites of Memory.' The second half examines the practices of the 'Chernobyl Catastrophe' exhibition room at the Khoiniki Local Museum in the Republic of Belarus based on the theory of 'Cultural Memory.' This case study shows us that there has emerged a new network of memory inheritance on the Chernobyl Nuclear Power Plant disaster (1986) in the city through the entire process of establishing the exhibition room and utilizing it. It seems necessary for us to conduct adult and community education research on 'Sites of Memory' related to environmental pollution and the practices in them.

A Review of Research on Local Culture in the Context of Adult and
Community Education

SHINDO, Hironobu
(The University of Tokyo)

This paper attempts to review the research on local culture in the field of adult and community education, and to clarify future research issues.

The approaches of previous research on this theme are: 1. A philosophical approach to investigate the relationship between culture and human development, 2. A historical and current analysis of practices of cultural activities in communities, 3. A social and political approach to cultural policy and administration.

To summarize, previous research has the following characteristics. First, the emphasis has been on the process of creating something cooperatively rather than on the result of activities such as creating artworks, performances, etc. These practices have often been interpreted as resistance and independence from established cultures. Second, in discussing cultural policy and administration, emphasis has been placed on how to guarantee the free activities of citizens. Third, in those activities, culture has been thought of as an element of community development. "Community development" in this context is often referred to as the strengthening of human relationships in communities. This research has also encouraged and supported the creation of local culture by citizens.

However, the following problems have arisen in our current society and further research is required. First, as issues of philosophical, historical and political research, we need to examine the contradiction between the concept of culture and education, as Tadao Umesao and Keiichi Matsushita argued. This contradiction is relevant to the shrinking of social education administration. Second, as an issue of practical research, we need to place traditional culture in the position of a trigger for the sustainability of communities. Further, we also need to take culture not based on the community, such as commercial and digital culture, which have now become elements of our daily lives, into consideration.

The Successor as Informal Educator:
From an Example of Oral Tradition that Fosters Human Lives

OKA, Sachie
(Kyushu University)

This paper focuses on the successors of oral tradition as part of efforts to visualize the educational place in our daily lives and to clarify its unique values and methods. It uses the perspective of the Informal Educator, which organizes learning based on daily experience. People are encouraged to reconsider the relationship between community and education in its entirety from formal to informal education.

The research subjects are Yae ABE, a legendary personality active in the Tohoku district, and the "oral tradition that fosters human lives" that is realized as one of the educational systems of oral tradition centered on nursery rhyme and folk tales. The tradition is characterized by the meanings and systems that are transmitted, and the fact that Abe has added her own research results.

Specifically, this paper extracted the symbolic scenes in her lives, and attempted to describe the proceeding of a cyclical process with the aspects of teaching and learning based on conversation and of self-learning based on experiences. Here we can see the maturity of the successors.

A New Vista of Community Collective Action and Community-based Social Education Practice

OTAKA, Kendo
(Meiji University)

In the process of reification, which has replaced the relationship between people with the relationships between things, individualistic learning aiming to enhance personal ability has been emphasized. Meanwhile, the value of "learning while participating in social action," on which importance has been placed by Japanese social education, is being lost. Therefore, restructuring the logic of organized learning in line with the demands of actual life by connecting education/learning activities to community practice has become a vital issue.

This article aims to examine the logic of a learning community that promotes collective action and expanding learning. Following a brief overview of community learning discourse, a case study of subjective popular learning and research activities in Gokase Town, one of the deprived rural areas facing various social issues such as depopulation and aging, is carried out. The focus of the analysis is to clarify a frame of reference for reconsidering the contemporary value of social education embedded in community actions.

The Role of the Kominkan in Community Development: A Case Study on the Efforts of Infants and Family Education Classes in Tsukuba City.

UEDA, Takanori
(University of Tsukuba)

The new city of Tsukuba was constructed from Sakura Village in Ibaraki Prefecture in 1970 through a national project known as the concept of Science City. In response to a request from young mothers who moved into the city while raising their children, the Infants and Family Education Class has been provided in the Kominkan since 1983. Its unique characteristics consist of "Parenting Exchange," "Self-Planning/Management," and "Child Care Support Network." Parenting Exchange refers to child-rearing exchange for learning together, for a deeper understanding of interpersonal differences through carefully watching other people's infants and to cultivate the consciousness of being a parent for all children; not only one's own children but also including one's own children. In addition, Self-Planning/Management means the practice of decision-making by discussion together with volunteer staff during all process such as course planning, preparation, progression, etc. These efforts have led to changes in the role of participants from being recipients to becoming supporters in charge of the class, after which the participants also continued to take responsibility for several community activities. Moreover, this class was included in the Child Care Support Network in Tsukuba City, in which it is possible to build relationships with various supporters and to develop a parenting exchange program for preventing loneliness among mothers while raising their children in the local community. It was confirmed that all the efforts of the Infants and Family Education Class at the Kominkan have had an essential role to play in community supporter development through childcare for over 30 years.

The Generation of Thought in Everyday Life:
Challenges for a Learning Theory of Community Education

MIYAZAKI, Takashi
(Hokkaido University)

This paper will discuss a learning theory of community education that can be distinguished from adult education in general. The content consists of the following:

(1) In modern society, an inevitable dualism between the individual and society is infiltrating into the theory and practice of adult education. Without resetting this tacit premise, even in the case of inclusive practice, adult education will encounter difficulties in implementing social change. On the contrary, community education whose elemental form lies in a unity, <individuals–cooperation–community>, can discuss two developments (human and community) as an integrated process;

(2) The subject of community learning should be set for people who live everyday life. This means that people are then regenerating a community actively through everyday life, as well as part of the total system. People know they are affected by outside social power from their everyday life and community. They can rely on this power as long as they can regard it within their world view. In this paper, the elemental values of people's world views are understood as freedom, equality, and efficiency.

ABSTRACT | 219

In real life, these values involve contradictions, because a discord exists between use-value and value, and communities and outer power. As a result, the values confront each other, and people can then reflect on their everyday life and basic values as a process of creative learning;

(3) Education value in community education lies in expanding freedom for reconstructing everyday life rather than in personal development. This expansion of freedom includes reorganizing the process of their world view, and a collective management of the community as the place for self-formation. In order to realize this freedom, emancipation from the dominant frame is required.

あとがき

渡邊　洋子

　本書は，日本社会教育学会プロジェクト研究「地域づくりと社会教育」の取組みの多くを基盤としつつ，課題意識を共有する学会員の研究的・実践的成果を集約したものである。また，学会年報『日本の社会教育』第63号にも当たる。筆者は，2016-17年度の研究担当理事として本プロジェクト研究に関わり，同時にプロジェクトメンバーの一員として，研究会活動への参加の機会を得てきた。その立場からプロジェクト研究の歩みを簡単に振り返ってみたい。

　本プロジェクト研究の趣旨は，すでに研究会代表の高橋満会員により冒頭で明らかにされている。ここで筆者なりの解釈を示すと，本プロジェクトでは，一連の「地方創生」政策の具体的展開としての「地域づくり」の取組みを俎上に上げ，その人間形成的機能の質と内在する価値を批判的に検討するとともに，戦後の社会教育実践・活動の中で培われてきた「社会教育の教育的価値」を，日本創成会議の「消滅可能性都市」(2014)の議論が社会問題化して以降の新たな文脈において，再定義・再定置することをめざしてきたといえる。

　今日，私たちの周囲には，少子高齢社会の本格的到来を示す諸現象（例えば，小中学校の閉校や合併，小児科の減少や子ども服売り場の縮小，高齢者世帯や高齢者施設の増加，地域組織の高齢化など），流出・流入人口の極端な不調和による過疎現象（具体的には，「シャッター商店街」「空き家」「限界集落」など）が，日常空間の中に，否が応でも目を引くように存在する。その土地の住民であるかにかかわらず，地域を何とかしなければ，との熱い思いを抱える人は少なくないだろう。

　だが，現代社会では，実際に地域に関わろうとすればするほど，地域をよ

りよくしようと取組めば取組むほど，私たちは，悶々とした思いにとらわれるかもしれない。その取組みの主軸が，果たして「政策的に望まれる地域づくりのための人づくり」なのか，それとも「人々の生活や労働，学びや関係性が尊重される地域への地域づくり」なのか，との疑問に直面せざるを得ないためである。本書の各論文は，そのようなときに，より現状を明確に捉え，地域を担う主体として地域にどう関わるかを考えられるような，手がかりや論拠を提起すべく書かれた。

　現代的状況における「地域づくりと社会教育」の中核的な問いは，政策課題に見合った地域（振興）の担い手をどう確保し，どう育成するか，すなわち「地域のための人づくり」をいかにして効率よく効果的に行うかという次元に集約されてしまうべきではないだろう。むしろ，地域の人々の日々のあり方／生き方，働き方や育ち方，協働的な相互の関わり方を足場としつつ，そこで培われたローカルアイデンティティの基盤の上に，「地域づくり」の活動や実践をいかにして「自分事」として捉え，「一員」＝主権者として能動的に参画し，多様な人々とゆたかに協働しながら，「私たちの地域」を構築する取組みにつなげていけるか。現代日本では，このような問いこそが重視されるべきではないだろうか。従来の社会教育の理論・実践においては，欧米の成人教育におけるコミュニティ・ディヴェロップメント（community development）の議論と同様，これらの問いに取組む上で指針となる知見や示唆が少なからず，蓄積されてきたのである。

　近年，社会教育行政が後退する中，社会教育主事資格のカリキュラム改正に顕著なように，社会教育主事の位置づけも，住民の学びの支援・組織化のための行政的役割よりむしろ，地方創生政策に対応した学校と地域のコーディネーター的役割への期待に，重点を移しつつある。他方，地方創生政策の下，定評のある「地域づくり」の事例には，行政主導の取組みに住民やNGOなどが参加・協働する形で，官民一体で行われるものも少なくない。地域住民はそのような文脈において，「地域づくり」への貢献を期待される人的リソースに留まるのか，「地域を担う主体＝主権者」や「地域の学びの主人公」として力が発揮できるのか，両者の間で常に混沌とした中に置かれることとなる。

改めて，現代の地域的文脈において社会教育的価値とは何なのか。この問いこそが，本プロジェクト研究の一貫した問題意識であった。本年報が起点となり，新たな地域的文脈における社会教育の教育的価値が再認識・共有され，新たな可能性が拓かれていくことを念じてやまない。

　2016-18年度のプロジェクト研究のテーマ「地域づくりと社会教育」は，主に定例研究会活動として取り組まれ，日本社会教育学会六月集会・研究大会を通して学会員と共有されてきた。3年間の活動の流れは大枠として，Ⅰ．政策動向の検討とその批判的分析（「地域創生政策下の地域づくりと社会教育」「地域づくり政策モデルの検討」），Ⅱ．社会教育／社会教育研究における先行アプローチの経緯と論点（「社会教育研究は地域づくりにどうアプローチしてきたのか」「地域づくりへの社会教育的アプローチ─周辺化された人びと・地域と社会教育─」），Ⅲ．新たな「地域づくり」の文脈における社会教育的概念・価値の検討と提起（「地域づくりと社会教育の概念・価値の再構成」「地域づくりと社会教育の概念・価値の再検討」「地域づくりと社会教育の概念・価値の再検討（2）」），であった。なお，プロジェクト研究「地域づくりと社会教育」の研究会活動の具体的経緯は，次のとおりである（敬称略）。

○2016年度（第1年目）
・六月集会（2016年6月5日，於：東海大学）
テーマ：地域創生政策下の地域づくりと社会教育
司　会：岡　幸江（九州大学）・田中　雅文（日本女子大学）
　報　告　「地方創生政策と地域づくり」岡田　知弘（京都大学）
　報　告　「地域づくりと社会教育─いくつかの論点」高橋　満（東北大学）
コメンテーター：村田　和子（和歌山大学）・上野　景三（佐賀大学）

・第63回研究大会（2016年9月16日，弘前大学）
テーマ：地域づくり政策モデルの検討
司　会：柴田　彩千子（東京学芸大学），上田　孝典（筑波大学）

報告① 「地域運営組織をめぐる今日的議論の検討」～『きらりよしじま
　　　　ネットワーク』をとおして～」　石井山　竜平（東北大学）
報告② 「高知県における『集落活動センター』設置による中山間地域支援
　　　　策」　内田　純一（高知大学）
コメンテーター：岡　幸江（九州大学），農中　至（鹿児島大学）

○2017年度（第2年目）
・2016年12月研究会（2016年12月23日，於：東北大学東京サイト）
〈報告〉
　戦後北部九州産炭地社会教育史研究の成果にみる「地域」／「づくり」研
　究の課題―「地域づくりと社会教育」を問う論点整理を中心に―
　農中　至（鹿児島大学）

・2017年3月研究会（2017年3月29日，於：東北大学東京サイト）
〈報告〉
　地域教育実践における学習支援者の関係性変容と心理的・社会的危機―
　「学習地域」における介入者の立場，役割，機能，アプローチの方法論的
　考察と課題―
　出川　真也（大正大学地域創生学部地域創生学科・専任講師）

・六月集会（2017年6月3日，於：東京農工大学）
テーマ：社会教育研究は地域づくりにどうアプローチしてきたのか
司　会：上田　幸夫（日本体育大学），村田　和子（和歌山大学）
報告Ⅰ 「地域文化をめぐる社会教育研究から」　新藤　浩伸（東京大学）
報告Ⅱ 「公害教育をめぐる社会教育研究から」　安藤　聡彦（埼玉大学）
コメンテーター：宮﨑　隆志（北海道大学），岩佐　礼子（東京大学）

・第64回研究大会（2017年9月15日，於：埼玉大学）
テーマ：地域づくりへの社会教育的アプローチ―周辺化された人びと・地域
　　　　と社会教育―

司　会：宮﨑　隆志（北海道大学），槇石　多希子（仙台白百合女子大学）
報告①　「社会教育と周縁―北部九州地方の産業再編と地域づくり―」
　　　　　農中　至（鹿児島大学）
　　②　「地対財特法期限後の都市部落と「周縁化に抗する」取り組み―教
　　　　　育・福祉とまちづくり」　　　　　阿久澤　麻里子（大阪市立大学）
コメンテーター：上杉　孝實（京都大学名誉教授），安藤　耕己（山形大学）

○2018年度（第3年目）
・2017年12月研究会（2017年12月16日，於：東京大学）
報告1　田中　雅文「コミュニティ政策と社会教育―武蔵野市を事例として」
報告2　柴田　彩千子「地域づくりにおける自己教育活動―地域主権をめざ
　　　　　した芸術文化活動の事例―」
（プロジェクト打ち合わせ，2017年12月17日，於：明治大学）

2018年3月研究会
2018年3月9・10日　プロジェクト打ち合わせ・研究会（東北大学）
〈報告〉「学習者姿勢，学習管理装置，脈絡知識：平生学習理論構築にむけ
　　た中心的概念探索」　姜　大仲（ソウル大学）

・2018年六月集会（2018年6月2日，於：東洋大学）
テーマ：地域づくりと社会教育の概念・価値の再構成
　　　　　司　会　内田　純一（高知大学），渡邊　洋子（新潟大学）
報告Ⅰ　「コミュニティ政策と社会教育―武蔵野市を事例として」
　　　　　田中　雅文（日本女子大学）
報告Ⅱ　「地域づくりの装置としての公民館―那覇市若狭公民館の実践から」
　　　　　宮城　潤（NPO法人地域サポートわかさ）
コメンテーター：上田　孝典（筑波大学），上原　直人（名古屋工業大学）

・第65回研究大会（2018年10月5日，於：名桜大学）（予定，台風のため中止）
テーマ：地域づくりと社会教育の概念・価値の再検討(2)

あとがき｜225

司　会：大高　研道（明治大学），岡　幸江（九州大学）

報告①　「日常的実践における知の再構成─地域社会教育の学習論・試論─」
　　　　宮﨑　隆志（北海道大学）

報告②　「受動と能動の間─いわゆる主体をめぐる実践からの検討─」
　　　　牧野　篤（東京大学）

コメンテーター：小栗　有子（鹿児島大学），添田　祥史（福岡大学）

・2018年12月研究会（2018年12月22日，明治大学）

〈趣旨説明〉　高橋　満（東北大学）

〈報告〉　宮﨑　隆志（北海道大学）「地域社会教育の学習論─暮らしの思想
　の生成論理」

＊リスト作成は，研究担当幹事（当時）堀本暁洋氏（東京大学大学院）のご
　協力を得た。

執筆者一覧（執筆順）

高橋　満（東北大学）　　　安藤　聡彦（埼玉大学）
岡田　知弘（京都橘大学）　　新藤　浩伸（東京大学）
田中　雅文（日本女子大学）　岡　幸江（九州大学）
柴田彩千子（東京学芸大学）　大高　研道（明治大学）
村田　和子（和歌山大学）　　上田　孝典（筑波大学）
内田　純一（高知大学）　　　宮﨑　隆志（北海道大学）
丹間　康仁（帝京大学）　　　渡邊　洋子（新潟大学）
農中　至（鹿児島大学）

日本社会教育学会年報編集規程（抄）

1．日本社会教育学会年報（日本の社会教育）は日本社会教育学会の研究成果を集約する目的を持って，毎年1回刊行される。
2．年報のテーマは総会で決定される。
3．年報編集委員会は理事会のもとにおかれる。編集委員は常任理事会で決定され，その任期は当該年報の刊行をもって終了する。
4．応募原稿の採否は，編集委員会で決定した査読者による審査を経て編集委員会が決定し，常任理事会に報告する。
5．掲載原稿の著作権は原則として本学会に帰属する。掲載論文の複製・翻訳等の形で転載を希望する場合には，本学会の了承を得なければならない。
6．投稿原稿に使用する言語は原則的に日本語とする。ただし本学会・編集委員会で特に他の言語の使用を認める場合には，この限りではない。
7．他の学会誌，本学会紀要，その他研究紀要等への投稿と著しく重複する内容の原稿を，本誌に投稿することを認めない。ただし学会等における口頭発表およびその配布資料はこの限りではない。

本誌の著作権は日本社会教育学会が所有し
ています。著作権法上で認められた場合を除
き、本誌からのコピーを禁じます。

Ⓡ【日本複写権センター委託出版物】
　本書の全部または一部を無断で複写
（コピー）することは、著作権法上の
例外を除き禁じられています。本書か
らの複写を希望される場合は、日本複
写権センター（Tel 03 - 3401 - 2382）
に連絡ください。

〈日本の社会教育第63集〉

地域づくりと社会教育的価値の創造

2019（令和元）年9月10日　初版第1刷発行

［検印廃止］

編　集　日本社会教育学会年報編集委員会
　　　　委員長　高橋　　満
　　　　〒183-8509　東京都府中市幸町3-5-8
　　　　　　　　　東京農工大学 農学部
　　　　　　　　　環境教育学研究室 気付
　　　　振替 00150-1-87773
発行者　錦織圭之介
発行所　株式会社東洋館出版社
　　　　〒113-0021　東京都文京区本駒込5-16-7
　　　　営業部　☎03-3823-9206　fax. 03-3823-9208
　　　　編集部　☎03-3823-9207　fax. 03-3823-9209
　　　　http://www.toyokan.co.jp　振替　00180-7-96823

　　　　印刷・製本　藤原印刷株式会社

©2019　The Japan Society for the Study of Adult and
　　　　Community Education
ISBN978-4-491-03783-7　　Printed in Japan